Gumbrecht | Das Ende von allem?

[Was bedeutet das alles?]

Hans Ulrich Gumbrecht

Das Ende von allem?

Neun Betrachtungen und ein Essay

Herausgegeben von René Scheu

Reclam

2. Auflage

RECLAMS UNIVERSAL-BIBLIOTHEK Nr. 14279
2023 Philipp Reclam jun. Verlag GmbH,
Siemensstraße 32, 71254 Ditzingen
info@reclam.de
Gestaltung: Cornelia Feyll, Friedrich Forssman
Druck und Bindung: Esser printSolutions GmbH,
Untere Sonnenstraße 5, 84030 Ergolding
Printed in Germany 2025

ISBN 978-3-15-014279-0
reclam.de

Inhalt

Prolog

Das Ende von allem?

Zentrifugale Notizen zu einer Symptomatologie der Gegenwart

Museen sind Orte der unmittelbaren Begegnung mit Dingen, die unsere Kultur heraufbeschwören. Ausgeklammert von den Rhythmen und Funktionen des Alltags, stellen sie ihren Besuchern Produkte menschlichen Handelns als ›Originale‹ vor. Die musealen Dinge erweisen sich als Fragmente aus fernen Zeiten, Räumen oder Situationen, die gerade in ihrer Besonderheit Aufmerksamkeit binden und vielschichtige Gefühle auslösen, weil sie allein sich selbst zeigen und so zu Verdichtungen ihrer Ursprungskontexte werden. Im Museum schlagen die Distanzen der verschiedensten Dimensionen, aus denen Originale kommen, dann in die Versuchung eines Berührens um. Doch genau das ist verboten – und macht auf diese Weise besonders deutlich, wie die gezeigten Dinge unsere Begierde provozieren, aber auch die Bedrohung aufrufen, durch sie überwältigt zu werden.

Nichts als eine flexible Leere trennt ja die körperlichen Reaktionen unserer Wahrnehmung von den Originalen, und so bedarf es oft einer Anstrengung des Willens, um uns endlich ihren Kraftfeldern zu entziehen. Wenn wir mit Offenheit und Konzentration auf Museen reagieren, dann kann die wiederholte Dynamik dieses Angezogen-Werdens und Sich-Entziehens in einen Zustand affektiver und auch körperlicher Ermüdung münden, der zu diesen Orten der Begegnung gehört und unsere aktive Teilnahme an ihrem Potential im Zurückblicken spürbar hält.

Seit einigen Jahren aber hat sich zu der Besucherin, die

ihre spannungsvollen Positionen im Verhältnis zu den Originalen durchlebt, eine ganz andere Figur gesellt: Mit dem Smartphone in der Hand nähert sie sich jedem Exponat auf die für eine Fotografie angemessene Entfernung und geht von dort zum nächsten Exponat weiter, bis sie die vollständige Sammlung des jeweiligen Museums im elektronischen Gedächtnis gespeichert hat. An keiner Stelle gerät der zügige Fortgang des Aufzeichnens in die Kraftfelder der Originale, was der Serien-Fotografin jeden Aufwand von Müdigkeit erspart. Denn ihr geht es ja gerade um einen Akt, welcher die Wirkung der Originale von ihrem Ort der Nähe befreien und mithin das Ereignis und den Prozess der Konfrontation mit ihnen der Verfügbarkeit einer unbestimmten Zukunft anheimstellen soll. Und selbst solche Akte der Distanzierung von Originalen sind auf dem Weg, Spuren der Vergangenheit zu werden, seit künstliche Intelligenz die Möglichkeit entwickelt hat, gleichsam ›auf Knopfdruck‹ Bilder oder Texte mit der Stil-Aura eines individuellen Malers oder Autors herzustellen. Können wir angesichts dieser Entwicklung die grundlegende Unterscheidung zwischen Original und Kopie überhaupt noch aufrechterhalten? Und wird unsere Erwartung an Kunst und ästhetische Erfahrung die Aufhebung solcher Unterscheidungen überleben?

Einmal abgesehen von diesem noch kaum wirklich bearbeiteten Problemhorizont und der philosophisch spezifischeren Frage, ob sich jene Spannung der Begegnung mit dem Original in räumlicher Distanz überhaupt vollziehen kann, und der eher banalen Vermutung, dass die Handybewehrten neuen Museumsbesucher nie wirklich auf die ins Unendliche wachsenden Archive ihres habituellen Aufzeichnens zurückgreifen werden, zeichnet sich dann inmitten einer Institution und ihres weiterlaufenden Rituals die Vision von einem Ende ab. Denn ohne die grundlegenden und je spezifischen Kraftfelder von Räumlichkeit werden Museen nicht existieren können.

Auf solche Grundstrukturen von oft, aber nicht notwendig durch elektronische Technologie zu ihrem Ende kommenden Lebensformen, wie sie ohne Gesten von Diskontinuität oder gar Gewalt die Gegenwart fast unbemerkt durchlaufen und doch schon potentiell spalten, bin ich in den vergangenen Jahren immer wieder gestoßen und habe sie mit einer Reihe von Essays zu beschreiben versucht, die im Feuilleton der *Neuen Zürcher Zeitung* erschienen sind. Überlegungen zu einer denkbaren Konvergenz zwischen den einzelnen Beobachtungen, die sich vielleicht zu einem weitgehend übersehenen gesellschaftlichen oder existentiellen Einschnitt hochrechnen ließen, standen zunächst im Hintergrund.

Die überarbeitete Wiederveröffentlichung der kleinen Texte in diesem Reclam-Band jedoch soll ein Reflexionsbogen des Rückblicks und des Vorausdenkens einleiten. Er führt zu dem Eindruck, dass die verschiedenen thematisierten ›Enden‹ zwar in vielfältigen wechselseitigen Beziehungen zueinander stehen, aber nicht auf eine eindeutige Gegenwartsdiagnose oder gar Zukunftsprognose als Fluchtpunkte hinauslaufen. Im Gegenteil und vielleicht abweichend vom intellektuellen Impuls einer ersten Reaktion haben sich die verschiedenen ›End‹-Beobachtungen in durchaus zentrifugale Richtungen des Denkens weiterentfaltet, aus denen ein von Widersprüchen und Paradoxien durchsetzter Blick auf die für unser Leben anstehenden

Jahrzehnte entsteht. Es lässt sich kein Fluchtpunkt der Gegenwart ausmachen und auch kein kompaktes Profil. Stattdessen zeigt uns der von den Enden ausgehende Blick eine symptomatologische Landschaft aus vielfältigen Positionen und Dynamiken, die sich gegenseitig beeinflussen. Dies mag auch damit zu tun haben, dass der heute naheliegende Stil des Nachdenkens über Vergangenheit, Gegenwart und Zukunft nicht mehr der Stil des um 1800 entstandenen ›historischen Weltbilds‹ ist, dessen Stärke eher in dichten begrifflichen Formeln als in fortlaufender Nuancierung und Differenzierung lag.

*

So wie Museen mit den einschlägigen Berufskompetenzen selbst angesichts eines möglichen Endes fortbestehen und sich vielleicht sogar wachsender Beliebtheit erfreuen, gehören zu privaten Räumen auch weiter Bildschirme, um die wir uns noch gelegentlich versammeln, um gemeinsam ein Segment aus den längst alle Stunden des Tages abdeckenden Fernsehprogrammen anzuschauen. Und dies obwohl das Fernsehen eine andere Schicht unseres institutionellen Alltags ausmacht, die mittlerweile zum Ende ihrer prägnant zu fassenden großen Zeit gelangt ist. Diese Zeit setzte um die Mitte des 20. Jahrhunderts ein, als zunächst in den Vereinigten Staaten regelmäßig ausgestrahlte Quiz-Sendungen und fiktionale Serien mit Geschichten aus Familien der Mittelklasse begannen, jene gemeinsamen Stunden des Zusammenlebens auszufüllen, die sie zugleich aushöhlten. Wer in Deutschland damals den Quizmaster Peter Frankenfeld mit seinem karierten Jackett oder die wöchentlichen Episoden von *Vater ist der Beste* – auch als Themen der Gespräche für den nächsten Tag – miterleben wollte, der musste bestimmte Zeitfenster von 90 oder 45 Minuten in seinem Stundenplan freihalten.

Jene im Leben einer ganzen Generation heutiger Rentner zentrale Abhängigkeit von der Zeit des Fernsehprogramms mit ihren Folgen für das gesellschaftliche Leben verlor ihre Dominanz angesichts der Möglichkeit individueller Aufzeichnungen, also schon viele Jahre vor den ersten Anfängen elektronischer Medien. Inzwischen sind die unsere Bildschirme bespielenden Programme zu einer unablässigen Lieferung von visuellen Materialien geworden, deren interner Zeitstruktur keinerlei Relevanz mehr zukommt. Prinzipiell können wir uns jedes existierende Programmelement in jedem Moment zu Gemüte führen, was eine profunde Veränderung in der Zeitdimension unseres Alltags eingeleitet hat: Viel weniger als früher sind wir auf individuelle Synchronisierungen mit den jeweiligen Gegenwarten einer laufenden Zeit angewiesen, seit jede unmittelbare oder lang zurückliegende Vergangenheit in einer diffusen, immer breiter werdenden Gegenwart abrufbar ist. Und dies betrifft nicht allein die potentiellen Gegenstände des Bildschirms, sondern alle Dokumente, Gegenstände und weitgehend auch Ereignisse aus der Vergangenheit, wie sie in mittlerweile elektronischer Aggregatform verfügbar geworden sind.

Nur für die Interaktion mit anderen Menschen brauchen wir noch die Koordination in einer und derselben Gegenwart. Von dieser einen Ausnahme abgesehen hat der Strukturwandel der Zeit – gemeinsam mit dem Statuswandel des Raums – zu einem Schub der Individualisierung in unserer Existenz beigetragen, einer Individualisierung allerdings, die nicht wie ihre Vorgängerformen aus der Epoche der Romantik von einem expliziten Pathos der Freiheit eingerahmt ist. Eher handelt es sich, auf das Fernsehen zurückgewendet, um die Freiheit – und um die Einsamkeit – des Binge Watchers, der immer und beliebig lang beliebig viele Episoden einer Serie konsumieren kann. Von außen mag man diesen Grad einer in die Einsamkeit führenden Freiheit durchaus als Suchtphänomen identifizieren, auch wenn sich potentiell Süchtige schon den kleinsten Ansätzen zu ihrer Einschränkung mit Irritation und Protest widersetzen.

*

Dieses noch um 1990 kaum vorstellbare weitgehende Ende individueller Abhängigkeit von den Dimensionen des Raums und der Zeit, wie sie ›das Ende des Museums‹ und ›das Ende des Fernsehens‹ veranschaulichen, ist kein Spezifikum einer der heute koexistierenden menschlichen Kulturen. Es steht als Möglichkeit global zur Verfügung, weil seine Effekte vor allem an den sich schnell zu öffnenden Zugang zu Geräten und Funktionen elektronischer Technologie gebunden sind. Wem dieser Zugang aus wirtschaftlichen Gründen nicht offensteht oder wer aus eigenem Entschluss auf ihn verzichtet, der wird immer noch einen Eindruck von den Wirkungen der neuen Individualität haben, sie aber aus der Perspektive einer erlittenen oder gewünschten Distanz erfahren. Aus entgegengesetzter Richtung formuliert: Die chronologisch junge Individualität in ihrer Annäherung an ein Ende der Abhängigkeit von Raum und Zeit ist für die meisten Zeitgenossen schnell zum Normalstatus des Alltags geworden.

Geschichtlich gesehen jedoch – und im paradoxalen Gegensatz zur Pathologie-Perspektive auf die Sucht-affine

Einsamkeit der Binge Watchers – ist die auf breite Resonanz stoßende Version des menschlichen Alltags mit ihrer neuen Individualität im Zentrum einer Einlösung jener Begriffe nahegekommen, welche bis vor kurzem ausschließlich für unsere Vorstellungen von Göttern reserviert waren. Menschliches Leben steuert heute auf ein vielfaches Ende seiner – typisch menschlichen – Begrenzungen zu. So haben die Covid-Jahre gezeigt, wie wir in einem unverhofften Status von ›Allgegenwart‹ leben. Gespräche mit Menschen auf anderen Erdteilen oder Begegnungen mit den in Museen ausgestellten Originalen aus fernen Dimensionen sind von der Bewegung unserer Körper im Raum unabhängig geworden und verursachen nicht einmal mehr, wie noch vor wenigen Jahren, Kosten, die uns zur Sparsamkeit anhalten könnten. Und schon kündigt die emergierende Technologie des ›Metaversums‹ eine Zukunft an, welche selbst die bisher fehlende Berührbarkeit ferner Gegenstände und Körper herstellen soll.

*

Der Vergangenheitsseite des Gottesprädikats von der ›Ewigkeit‹ entspricht die durch elektronische Speichermedien hergestellte Abrufbarkeit aller Dinge und Momente aus früheren Zeiten, welche die traditionelle Imagination einer vollständigen Erinnerung verwirklicht (und tendenziell überbietet, weil sie auch all das einschließt, was wir nicht selbst erlebt oder erfahren haben). Auch die nahe Zukunft beginnt sich nun mit einem Grad von Gewissheit zu erschließen, den wir zu schätzen lernen, wenn wir etwa die heutige Zuverlässigkeit von Wettervorhersagen mit den stets vagen meteorologischen Spekulationen aus dem letzten Jahrhundert vergleichen. Vergangenheit und Zukunft werden fortschreitend für die Gegenwart unserer Sinne und unseres Verstandes einholbar. Dies ist die neue – menschliche – Ewigkeit.

Zu Allgegenwart und Ewigkeit ist damit eine nicht mehr Prozesse des Erwerbs voraussetzende, sondern jedem Individuum durch Elektronik abrufbare Fülle des Wissens gekommen, die sich dem Gottesprädikat der ›Allwissenheit‹ nähert. Ein bemerkenswerter Nebeneffekt liegt dabei in der Wiederkehr einer Neutralität (oder Aura von Objektivität) dieses All-Wissens. Während die Aufklärung noch auf die Abhängigkeit jedes Wissenselements von der Person bestand, die es hergestellt hatte, präsentiert sich elektronisches Wissen, etwa das von Wikipedia bereitgehaltene Wissen, typischerweise ohne solche Referenzen. Denn der Vorrang und die Autorität unter konkurrierenden Wissensbeständen im Internet hängt nicht mehr von einem Urteil über ihre Qualität oder über die Kompetenz ihrer Hersteller ab, sondern von der Häufigkeit, mit der sie durch Suchmaschinen aktiviert werden. Im Gegensatz zu der von Intellektuellen immer wieder kritisch betonten Relativität jeglichen Wissens stellt sich mit dieser Scheinobjektivität für den dominanten Wissensgebrauch des Alltags eine Situation ein, welche genau die – vermeintlich überwundene – klassische Trennung zwischen menschlicher Selbstreferenz (›Subjekt‹) und Welt (›Objekt‹) reproduziert. Als von Ort und Zeit vermeintlich entkoppeltes Beobachterbewusstsein steht der Mensch einer materiellen Welt gegenüber, die er über das Medium des Wissens für vollkommen erschlossen und potentiell auch für weitestgehend verfügbar halten darf. Nie zuvor wohl erschien diese Unterscheidung und Gegenüberstellung im praktischen Alltag der

Wissensverwendung so selbstverständlich. Sie ist die Struktur der neuen – menschlichen – Allwissenheit. Und das bedeutet: Kritische Einwände scheinen am Ende ihres wirksamen Einflusses angelangt zu sein.

*

Nicht philosophisch, sondern im Verhalten vieler Zeitgenossen ist damit aus individueller Allgegenwart, Ewigkeit und Allwissenheit ein neues Selbstbild entstanden. Es entspricht der sich ausschließlich auf die Fähigkeit zum Denken verlassenden Definition des Menschen, die auf René Descartes zurückgeht, und weckt damit sogar einen Traum von ›Allmacht‹, der eher als auf grandiose Projekte oder Leistungen auf das Ende jeglicher Einschränkungen und Frustrationen setzt. Die vor Jahren vom französischen Philosophen Jean-François Lyotard gestellte – und damals negativ beantwortete – Frage, ob man ohne Körper denken kann, lässt sich inzwischen als positiver Fluchtpunkt einer Vielfalt von Konventionen des individuellen Verhaltens auffassen, welche die neue Allmacht ausmachen.

Streben nach langfristiger Gesundheit etwa motiviert heute einen Markt von Diätverschreibungen, welche Nahrungsaufnahme eher als grundsätzliches Risiko denn als physiologische Notwendigkeit in den Blick bringen. Unmöglich, zu einem Abendessen einzuladen, ohne vorab die individuellen Essenspläne der Gäste festzustellen. Zu einem bevorzugten Gegenstand der Konversation über vegan-kalorienarme Lebensweisen sind die verschiedenen sportlichen Übungen aufgestiegen, mit denen man sich in Form hält und schon früh auf Langlebigkeit als absoluten Wert setzt. Kein Wunder, dass – individuell natürlich gesundheitsschädigendes – Suchtverhalten stärker denn je mit Argumenten tabuisiert und abgelehnt wird, die sich auf seine gesellschaftlichen Konsequenzen – etwa auf steigende Kosten für die Krankenversicherung – berufen. Das Recht, seinem eigenen Körper Schaden zuzufügen, lässt sich je nach Lage noch gesetzlich, aber gewiss nicht mehr innerhalb dominierender gesellschaftlicher Wertehierarchien einklagen.

Jenseits solch medizinisch konkretisierbarer Sachlagen haben sich auch der Status und die Einschätzung erotischer Leidenschaft verschoben. In diesem Zusammenhang ist mit der Rede vom ›postsexuellen Zeitalter‹ ein weiteres Ende zum Thema geworden. Nicht mehr das Glück und die Beglückung einer wechselseitigen erotischen Faszination stehen im Vordergrund, sondern die mit ihr verbundene Gefahr einer unumkehrbaren Abhängigkeit, welche die Freiheit der Umsetzung von gedanklichen Konstruktionen einschränken könnte. Deshalb soll Leidenschaft durch ›Partnerschaft‹ oder gar Freundschaft ersetzt werden, die sich ohne langfristige Verpflichtungen in täglich neuen – und täglich aufhebbaren – Annäherungen und Konvergenzen verwirklichen.

Zu dieser Reihe von Unterscheidungen und Gegensätzen, die auf permanente Flexibilität und mithin auf die uneingeschränkte Freiheit des Geistes abgestellt sind, gehört auch eine wachsende Tendenz zur Abwertung von Ritualen des Wettbewerbs. Weil es den Willen zum eigenen Sieg oder zum Sieg der eigenen Mannschaft ohne die Möglichkeit der Frustration über Niederlagen nicht gibt, werden sportliche Wettbewerbe nun weniger als Kampf um den Sieg, sondern als Bühne zur Entfaltung eines Virtuosentums genossen, auf der sich statt Überlegenheit und Dominanz individuelle Differenz und Verschiedenheit entfalten.

Mit den vermenschlichten Gottesprädikaten der Allgegenwart, Ewigkeit, Allwissenheit und Allmacht kommt, wie wir sehen, in vielfacher Brechung ein körperferner Individualismus als Selbstverständnis zum Vorschein, der auf Unabhängigkeit, Frustrationsvermeidung und Differenzierung setzt. Für viele Zeitgenossen haben diese Dimensionen wohl tatsächlich die Vorstellungen von traditionellen Göttern absorbiert und ersetzt, denn was könnte der absoluten weltlich-säkularen Selbsterhebung des Menschen deutlicher widersprechen als eine Instanz, die seinen Möglichkeiten überlegen bliebe?

All diese Schritte zur Freiheit vom Körper laufen auf das Paradox einer strikt säkularen Transzendenz hinaus, die sich ihrer selbst kaum bewusst ist und auch deswegen nur noch selten jene ›großen Persönlichkeiten‹ hervorbringt, die wir in der Vergangenheit bewunderten und die ihre geistigen Kompetenzen und Leistungen stets in körperlicher Präsenz projizierten (ein herausragendes historisches Beispiel ist die Gestalt von Albert Einstein). Weil die neue Individualität säkularer Transzendenz dagegen kaum noch gesellschaftliche Resonanz abruft, führt ihr Weg immer weiter in die Einsamkeit unendlicher Differenzierung – und damit letztlich auch zu einem Ende von Konkurrenz, Kommunikation und Auseinandersetzung.

*

Die im Regelfall eher selbstzufriedene Stimmung solch unbegrenzter Individualitätsdifferenzierung steht im Gegensatz zu einem sich mit dem Pathos ethischer Verantwortlichkeit schmückenden Pessimismus, der sich auf die kollektive Lage und die kollektive Zukunft der Menschheit bezieht. Dabei wird dieser Gegensatz grundsätzlich kaum als Widerspruch erlebt. Allein schon diese eigentümliche Koexistenz eigentlich auseinanderstrebender Individual- und Kollektiv-Gefühle verbietet es, bei einer Beschreibung der Gegenwart zu bündigen Diagnosen zu gelangen. Denn sie wird ja zugleich sowohl als besonders entspannt als auch als besonders dramatisch erlebt.

Zum Kondensationspunkt für die tragischen – oder melodramatischen – Töne im Blick auf ein angeblich anstehendes Schicksal der Gattung Menschheit hat sich seit der Jahrtausendwende der Begriff des ›Anthropozäns‹ entwickelt, der die Zeit seit den frühesten negativen Auswirkungen menschlichen Lebens auf die Ökosphäre des Planeten Erde und seinem prognostizierten kollektiven Ende umfassen soll, einem Ende, jenseits dessen keine Zukunft für die Menschen mehr vorstellbar ist. Und weil der Inhalt des Worts ›Anthropozän‹ typischerweise die moralistischen Konnotationen der Erzählung einer Bestrafung für vermeidbares Fehlverhalten betont, hat er eine in der heutigen Politik ausschlaggebende Wirkung gefunden. Je dunkler die Selbstvorwürfe und Prognosen geraten, desto intensiver werden die Sehnsucht und die Suche nach Maßnahmen, welche die Hoffnung auf eine – evolutionär und im Blick auf andere Gattungen ja ganz unwahrscheinliche – Kontinuität menschlicher Präsenz auf der Erde ermutigen sollen.

Anders als die im individuellen Leben von heute generell unterstellte Trennung zwischen dem Menschen als ›Subjekt‹ und der Welt als ›Objekt‹ verbindet der Anthropozän-Diskurs die Bilder vom angeblich unvermeidlichen Schicksal der Menschheit und des Planeten mit einer Konsequenz, die eine Außenperspektive der Analyse und mithin vor allem der Rettung zunächst unvorstellbar macht. Gerade dieser erste Eindruck einer praktischen Ausweglosigkeit mag erklären, warum über die vergangenen Jahrzehnte ein pauschaler Auftrag zur Erlösung der Menschheit und des Planeten von ihrem drohenden Ende an die Naturwissenschaften und die staatliche Politik – sozusagen als Außenpositionen zum konkreten Leben – gegangen ist. Dieser Auftrag hat den Aufschwung ökologischer Positionen als Zentrum politischer Rhetorik wie Aktivitäten weiter gesteigert und daneben zu vor einem halben Jahrhundert noch ganz unvorstellbaren Vertrauensvorschüssen an die Politik geführt, welche mittlerweile auch die sonst auf Individualität pochenden Bürger demokratischer Gesellschaften ihren Staaten und Politikern zugestehen. Worte, Visionen und Taten zur ökologischen Umkehr können selbst dann nie dramatisch genug sein, wenn ihre Forderungen und Folgen den individuell so hochgehaltenen Träumen einer Unabhängigkeit von Raum und Körper entgegenlaufen.

Auch in dieser Hinsicht haben uns die Covid-Jahre eine neue existentielle Tonalität vergegenwärtigt, nämlich die dem extremen Individualismus als Ende aller Abhängigkeiten widersprechende Sehnsucht nach einem in seiner kollektiven Fürsorge starken Staat. Vorgaben wie das Tragen von Masken oder die Einhaltung sozialer Distanz lösten ausgerechnet in Nationen eine besondere affirmative Dynamik aus, deren Traditionen seit jeher den Schutz individueller Spielräume betont hatten (Spanien und Portugal waren die deutlichsten europäischen Fälle).

Dabei fanden auch andere, längerfristig konvergierende Tendenzen zu ereignishafter Kondensation. Schon während des späten 20. Jahrhunderts war in Spanien mit Unterstützung des Staats das Ritual des Stierkampfs unter Druck geraten, dessen Faszination seit jeher – philosophisch formuliert – in der Vergegenwärtigung des Todes als Teil der Existenz gelegen war. Eine Vielfalt von einschlägigen Maßnahmen haben in bestimmten Regionen des Landes zu immer mehr Einschränkungen beim Ablauf der Corridas geführt und so das Ende des Spektakels absehbar gemacht. Selbst wenn dieser Zusammenhang nicht explizit oder gar programmatisch vermittelt wurde, erscheint es ja nur plausibel, dass sich eine Gesellschaft und ihre Politik, zu deren höchstem Ziel die Erhaltung des kollektiven Menschheitslebens geworden ist, institutionelle Formen nicht mehr leisten will, die an individuelle Sterblichkeit erinnern und Todesbereitschaft feiern. Hier treffen sich – eher ausnahmsweise – die Sehnsucht nach individueller Unabhängigkeit vom Körper und der politische Auftrag zum Erhalt der Menschheit als Kollektiv.

*

Insgesamt konfrontieren uns die im Zeitalter der Elektronik beschleunigte Entwicklung von Strukturen extremer Individualität und das neue Bedürfnis nach einem starken Staat mit der Aufgabe, ihre Beziehung – als ein weiteres Ende – neu zu überdenken. Die von der Form parlamentarischer Demokratie vorgegebene Norm hatte eine Teilnahme und Teilhabe der Individuen am Handeln staatlicher Politik im Medium der Öffentlichkeit verbindlich gemacht. Allein die aktive Teilnahme von Individuen als Bürgern sollte politischen Entscheidungen Legitimität verleihen.

Heute legen vielfältig konvergente Statistiken die Vermutung nahe, dass ein wechselseitiger Austausch von Zugeständnissen innerhalb offiziell nicht revidierter Strukturen der Politik die Norm der Partizipation stillschweigend ersetzt hat. Exekutive und Judikative schützen individuelle Unabhängigkeit und beschränken ihre Forderungen an die Bürger auf den Einzug von Steuersätzen, die erstaunlich schnell konsensfähig werden (Verpflichtungen zu Wehr- oder Sozialdienst hingegen gelten nur noch in wenigen Gesellschaften als akzeptabel). Mit einer komplementären Bewegung geben Bürger die Entwicklung und Durchführung zentraler Problemlösungsstrategien zur Menschheitsrettung an Politiker und ihre Institutionen ab, ohne auf kritische oder potentiell produktive Interventionen zu bestehen. In diesem informellen Pakt vollzieht sich ein Ende, das angesichts des Fortbestehens klassischer Formen der Politik noch kaum sichtbar wird – und dessen Konsequenzen sich vorerst nicht konkret einschätzen lassen. Staatliche Politik und individuelles Leben rücken auf wechselseitige Distanz.

*

Während der Austausch zwischen Individualität und Politik bis dato konfliktfrei zu verlaufen scheint, hat die so intensiv um Frustrationsvermeidung bemühte Praxis der neuen Individualität eher überraschende interne Irritationen hervorgebracht. Zur säkularen Transzendenz und zur Allmacht des Individuums hat auch ein Strukturwandel der Bedingungen beigetragen, unter denen sich der Gebrauch von Freiheit im Verhalten und Handeln heute vollzieht. Vergangene Jahrhunderte hatten als Situation des Freiheitsgebrauchs ein ›Feld der Kontingenz‹ (›Alles könnte auch anders sein‹) angenommen, das heißt eine Auswahl unter gegebenen Möglichkeiten und Alternativen, die von nicht zur Auswahl stehenden Bereichen des Lebens, von ›Notwendigkeit‹ und ›Unmöglichkeit‹, umgeben waren. Als notwendig galt das, was alternativlos faktisch schien (etwa die

Tatsache, dass das Geschlecht einer Person von den Genitalien abhing, mit denen sie geboren war), während als unmöglich vom Feld der Kontingenz ausgeschlossen wurde, was man sich zwar vorstellen, aber nicht mit Menschen assoziieren konnte (bis vor kurzem vor allem der Horizont der Gottesprädikate wie Allmacht und Allgegenwart).

Inzwischen beginnen einerseits aus Notwendigkeiten Kontingenzen zu werden (etwa aufgrund der immer umfassenderen Möglichkeiten der transsexuellen Chirurgie bzw. eines neuen Verständnisses geschlechtlicher Identität als Gender) und auf der anderen Seite haben wir gesehen, wie sich individuelles Leben den Gottesprädikaten angenähert hat. Angesichts dieses Schmelzens der Pole von Notwendigkeit und Unmöglichkeit wird das Feld der Kontingenz als Rahmen individuellen Freiheitsgebrauchs immer mehr zu einem ›Universum der Kontingenz‹ (›nichts ist ohne Alternative‹), das zwar den Betrag individueller Freiheit zu einem Maximum erhöht, aber zugleich mit seiner Komplexität auch individuelle Überforderung nach sich zieht.

Individuen erwarten heute, innerhalb der Verfugung ihres Bewusstseins mit dem Internet beständig durch das Aufscheinen von Kontingenz- als Freiheitspotentialen unterhalten und aktiviert zu werden, vermissen jedoch zugleich – angesichts der weitgehenden Aufhebung von traditionellen Körperabhängigkeiten und angesichts der überwältigenden Freiheit im Universum von Kontingenz – die Konkretheit einer materiellen und körperlichen Welt. Als bezeichnend in dieser Hinsicht registriere ich die im amerikanischen Englisch seit Jahren immer häufiger auftauchende Rede von dem Wunsch, ›sich an etwas festhalten‹ zu können (›to hold on to something‹), die wohl nicht nur metaphorisch aufzufassen ist. Eher taucht in ihr ein Bedürfnis nach der Rückkehr zu einem haptischen, im Wortsinne greifbaren Verhältnis gegenüber der materiellen und körperlichen Umwelt auf, dessen verschiedene Schichten und Richtungen in der jüngeren Vergangenheit durch den einen Gegenstand ›Handy‹ absorbiert worden sind: Im Handy laufen alle früher verschiedenen Weltverhältnisse zusammen, und mit ihm halten wir beinahe wörtlich die Welt in der Hand – doch neutralisiert seine Elektronik auch alle physischen Verschiedenheiten. Exemplarisch veranschaulichen der Prozess vom Ende der Bargeldzahlung – über die Zwischenstufe der Kreditkarten hin zum rein elektronischen Vollzug – und die Widerstände, die er ausgelöst hat, die ambivalente Dynamik des Verlusts von Weltkonkretheit.

*

Ein zentraler Punkt der Kondensation liegt für die Gegenwart der vielfachen Enden in Reaktionen der Umkehr, welche die im Universum von Kontingenz wirksam werdenden Distanznahmen vom Körper und von der Materialität der Welt ausgelöst haben. Jede dieser Distanznahmen visiert ja eine spezifische Dimension des Endes an: ein Ende der Abhängigkeit vom Raum, von der Zeit oder von der Begrenzung des Wissens. Gemeinsam steigern sich die Wirkungen dieser Unabhängigkeiten zu einem Grad, wo sie in Wünsche nach Konkretheit, Nähe und sogar Einschränkung umschlagen. Zusammengenommen lösen die beschriebenen Enden von Abhängigkeit immer wieder den Wunsch aus, in einen Status vor dem Ende der Abhängigkeit zurückzukehren. Kompakter und als Paradox formuliert: Die vielfachen Prozesse des An-ein-Ende-Kommens bewirken eine Sehnsucht nach der Aufhebung oder wenigstens der Unterbrechung des An-ein-Ende-Kommens und seiner Effekte.

Deshalb gehört zu der neuen körperdistanten Individualität im Zeitalter der Elektronik eine gegenläufige Tendenz, den Alltag mit Momenten des ästhetischen Erlebens zu durchsetzen. Das Adjektiv ›ästhetisch‹ bezieht sich hier auf Erlebnisse, in denen das Verarbeiten von Gegenständen des Bewusstseins durch Bedeutungszuschreibung und Interpretation nicht zu trennen ist von der Wahrnehmung ihrer Materialität (etwa von der Simultanität zwischen Bedeutung und prosodischem Klang eines rezitierten Gedichts). In dem Maße, wie etwa Nahrungsaufnahme unter den Druck von gesundheitserhaltenden Diätverschreibungen geraten ist, intensiviert sich in der Gastronomie eine ästhetische Aura aus positiven Bedeutungen und sinnlicher Wahrnehmung, wie sie noch vor kurzem zu den Privilegien der reichsten Schichten gehörte (wer hätte früher den heutigen Preis für ein Abendessen in einem Restaurant mit Michelin-Sternen auf sich genommen?). Ganz ähnlich spielt Selbstinszenierung durch Fashion nicht mehr nur für Feste und Feiertage, sondern in den Kontexten unserer Arbeit eine wachsend prominente Rolle, gerade weil gutes Aussehen für die neue Individualität in ihrer Körperunabhängigkeit nicht mehr verpflichtend ist.

*

Reaktionen auf den Abschied der Individuen von Körper und Materialität sind keinesfalls auf ästhetische Effekte im Alltag beschränkt. Entgegen einer längst veralteten Befürchtung, nach der die medial vermittelte Präsenz jeglicher attraktiven Sportereignisse (›Allgegenwart‹) die Zahl der

Zuschauer in den Stadien reduzieren müsse, sind ihre Sitz- und sogar ihre Stehplatztribünen trotz gestiegener Preise heute besser denn je besucht. Analoges trifft auf – meist in Stadien stattfindende – Pop-Konzerte und sogar religiöse Massenveranstaltungen zu. Denn dort kann eine Intensität entstehen, mit der Individuen, statt bloß ihren eigenen Körper für einige Stunden wiederzugewinnen, zu einem kollektiven Körper werden, der energische Euphorie aktiviert – und wohl ohne ein Risiko von Gewalt nicht zu haben ist.

In eine ganz andere Richtung kollektiver Konkretheit weisen die Suche nach kulturellen ›Identitäten‹ und ihre Verkörperung, welche als Gegengewicht zur Überkomplexität des Erlebens im Universum von Kontingenz wirksam werden können. Wer solche Traditionen bejaht, wird stets einen Teil seiner überwältigenden Freiheit in den Status von Notwendigkeit überführen.

Unter all diesen Gegenimpulsen zum Individualismus der Gegenwart findet die Rückkehr einer Sehnsucht nach Charisma in der Politik die deutlichste – fast ausnahmslos kritische – Aufmerksamkeit. Natürlich hatte – und hat – die Trump-Faszination so vieler amerikanischen Wähler kaum mit Argumenten und auch nur wenig mit dem Eindruck zu tun, dass hier eigene Interessen und Positionen wirksam vertreten werden. Im Vordergrund steht der Glaube an eine Authentizität (»he speaks his mind«), aus der ein Eindruck der Rückkehr zu vermisster physischer Nähe, eben eine Wirkung von Charisma, hervorgeht. Wie sich das Erleben – oder die Selbstsuggestion – solcher physischer Nähe zu Verachtung und Aggression gegenüber Institutionen der parlamentarischen Demokratie steigern kann, die ja aufgrund des Prinzips der Repräsentation einen Eindruck von Distanz hervorrufen können, hat der »Sturm auf das Capitol« Anfang 2021 mit nachhaltig erschreckender Drastik belegt.

Dass es dazu so häufig kommt, mag primär an der Unvereinbarkeit von abstrakt individuellen Lebensformen als Ende von Abhängigkeiten und der Begierde nach bindender kollektiver Konkretheit liegen. Hinzu kommt, dass die Institutionen des Staats mit der Erwartung einer Partizipation der Bürger ihren Ansatz verloren haben, solche überall auftretenden Spaltungen vermittelnd abzuarbeiten. Wir leben in einer Zeit, deren aufflackernde Gegensätze Prozesse von Konvergenz oder gar Konsensbildung zur Ausnahme gemacht haben. Und wo es nicht zu Spaltungen und Kontroversen kommt, da führen die Energien zu unbegrenzt zentrifugalen Bewegungen.

*

Erstaunlich wirkt in dieser unruhigen Szenerie der letzten Zeit die Absenz von Konflikten zwischen Konfessionen, Religionen oder Gläubigen und Nichtgläubigen. Ausgerechnet Transzendenz scheint weniger als früher zu einem Anlass für Spaltungen zu werden (auch wenn die katholische Kirche sich sozusagen chronisch vor Zerreißproben stellt). Selbst in den seit über einem halben Jahrhundert islamisch aufgeladenen Aggressionen gegenüber dem Staat Israel oder in den politischen Auseinandersetzungen um Nordirland ist ein Ton politischer Säkularisierung eingetreten.

Man könnte sich fragen, ob in diesem nur selten bemerkten oder gar kommentierten Unterschied eine Folge der eingetretenen Verschiebung von Transzendenzvorstellungen und Gottesprädikaten auf das individuelle Leben liegt. Zugleich aber setzt uns – strukturell gesehen – eine schon längst eingetretene technologische Diskontinuität dem Potential oder gar der Drohung einer den menschlichen Fähigkeiten grundsätzlich überlegenen Instanz aus. Es geht hierbei um das ›deep learning‹ genannte Phänomen im Rahmen der Entwicklung künstlicher Intelligenz, also auf den seit einem knappen Jahrzehnt beobachteten Prozess einer laufenden Selbstoptimierung von Algorithmen, die nicht mehr vom Einfluss menschlicher Programmierer abhängig ist: Niemand kann nachvollziehen, was im Detail passiert.

So weit einschlägige Prognosen auch voneinander abweichen mögen: Mit dem Schritt des ›deep learning‹ hat sich der Wirklichkeitsstatus künstlicher Intelligenz grundlegend verändert. Der Gedanke an sie ist nicht mehr ausschließlich der – menschlichen – Imagination überlassen. Auch hier hat sich ein Ende, möglicherweise ein Ende mit unvergleichlich hohem Veränderungspotential, längst vollzogen. Im Dickicht der Reaktionen, unter denen wohl immer noch Stimmen der Entwarnung dominieren, tritt mittlerweile ein Gegensatz hervor, der generationenspezifisch wirkt. Die global sichtbaren und global gehörten Protagonisten von Silicon Valley, etwa Mark Zuckerberg oder Elon Musk, empfehlen, angesichts der unleugbar mit dem neuen Statuts künstlicher Intelligenz verbundenen Risiken (von der Auslöschung bis zur totalen Abhängigkeit der Menschheit) ihre Entwicklung auszusetzen oder gar zu unterbinden – bevor sich die selbstoptimierenden Algorithmen einem gefährlichen Grad von Autonomie nähern. Jene im Regelfall deutlich jüngeren Spezialisten jedoch, welche aufgrund ihrer Kompetenz im Code-Schreiben (oder ›Programmieren‹) den Prozess der Veränderung künstlicher Intelligenz mindestens nachvollziehen oder begleiten können, engagieren sich im Regelfall für seine Fortsetzung, ohne die daran geknüpften Gefahren zu übersehen oder gar zu leugnen.

Wichtiger als die Gründe, welche im Einzelnen für die Bejahung einer Zukunft der künstlichen Intelligenz aktiviert werden, scheint eine wachsende Nähe der Kompetenzelite mit einer breiten Mehrheit unter den Nichtspezialisten aus der Generation der heute Zwanzig- bis Dreißigjährigen, eine Konvergenz des Vorbehalts gegen alle einschneidend politischen, staatlichen oder unternehmerischen Eingriffe in die Prozesse der Veränderung individueller und kollektiver Existenz durch elektronische Technologie. Jüngere Zeitgenossen wollen bei ihrem Gebrauch der Elektronik nicht von außen bestimmt werden. In Deutschland zumal sollen Parteien gerade bei diesen Gruppen vom Verzicht auf einschneidende Programmpunkte der Kontrolle profitiert haben. Offenbar sind die ›Digital Natives‹, wie man sie nicht nur in Silicon Valley nennt, bei einer Gelassenheit angelangt, bei einem Ende aller Aufregung über die Elektronik und ihre Folgen, wegen der wir Älteren sie kritisieren oder auch beneiden können.

*

Eines der vielen Enden, von denen heute die Rede ist, ein Ende, an dessen Eintreten oder Ausbleiben nur einer verschwindend kleinen Gruppe von Mitmenschen liegt, betrifft die Geisteswissenschaften als einen Verbund akademischer Fächer, die am Beginn des 19. Jahrhunderts ihre Form und um 1900 ihren deutschen Namen fanden. In den Geisteswissenschaften habe ich mein berufliches Leben verbracht, und sie haben mich gut unterhalten, auch wenn gerade eine solche Bilanz dem bis heute hochgehaltenen ernsten Pathos und Selbstverständnis widerspricht. Pessimistisch bezüglich ihrer Zukunft stimmt vor allem der international dokumentierte Rückgang ihrer Studierendenzahlen. Ich deute ihn als Folge eines unter meinen heute aktiven Kollegen vorherrschenden Selbst- und Rollenverständnisses, das sich die Vermittlung von ethisch begründeten Formen des Verhaltens und der kollektiven Identität auf die Fahne geschrieben hat. Skeptisch bin ich gegenüber diesem Anspruch, weil ich nicht sehe, wie sich überlegenes ethisches Urteilen aus einer Beschäftigung mit Produkten des menschlichen Geistes in Vergangenheit und Gegenwart ergeben soll. Und dies scheint mehr Studierenden als früher ganz ähnlich zu gehen.

In meiner Skepsis und meinem Pessimismus habe ich mich bis zu der These vorgewagt, dass niemand außerhalb der Geisteswissenschaften davon Kenntnis nähme, wenn es eines Tages zur Einstellung der institutionellen Formen ihres Lehrbetriebes und ihrer Denkprozesse käme. Dieser Meinung hat Markus Gabriel, ein Freund und Philosoph der jüngeren Generation an der Universität Bonn, nicht nur in einer Replik entschlossen und eloquent widersprochen. Die Resonanz, welche etwa seine Arbeiten im Vertrauen auf die Problemlösungskompetenz der Geisteswissenschaften heute vor allem bei deutschen Politkern und Entscheidungsträgern finden, machen die Vorstellung von ihrem Ende ohne außerakademische Trauergemeinde zu einer flagranten Übertreibung.

Neben dem Rückgang von Belegzahlen einerseits und andererseits wachsender Resonanz der Geisteswissenschaften außerhalb der Universität registrieren derzeit einige der besten Universitäten in den Vereinigten Staaten eine ganz andere Entwicklung unter ihren Undergraduate-Studenten, deren breit interdisziplinäre Curricula noch nicht an Ziele der Berufsausbildung gebunden sind. Statt kunst-, musik- und literaturgeschichtliche Vorlesungen oder Seminare zu wählen, entscheiden sich immer mehr Undergraduates für Studio Art, für das Lernen eines Instruments oder für Creative Writing. Es geht ihnen um die aktive Einbindung in Prozesse des Erlebens, Erfahrens und produktiven Handelns, welche die Geisteswissenschaften traditionell zum Gegenstand ihrer Reflexionen gemacht hatten. Möglicherweise folgt diese Veränderung des Studienverhaltens dem erwähnten neuen Status ästhetischer Erfahrung im Alltag der Gegenwart. Jedenfalls setzt sich hier eine Praxis der Bildung und Selbstbildung durch, die vom Problemlösungsanspruch so weit entfernt bleibt wie vom Bestehen auf ethische Verschreibungen.

Auch in den Geisteswissenschaften scheint also der interne Weg dieser Gegenwart zentrifugal zu verlaufen. Auf solche Bewegungen reagierten Universitäten bis vor kurzem mit Nachjustierungen oder auch einschneidenden strukturellen Veränderungen, um wieder Einheit und Kohärenz herzustellen. Mittlerweile beginnen aber im akademischen Leben nicht nur Individuen mehr Gelassenheit walten zu lassen. Die Jüngeren unter uns sind mit ständigen Ereignissen des Endens als ihrer Normalität aufgewachsen, während wir Älteren sie als Lebensrhythmus akzeptiert haben. Früher hätten wir hier vielleicht eine ›Zeitbeschleunigung‹ diagnostiziert, einschlägige Theorien entwickelt – und uns wohl auch für berufen gehalten, Museumsbesucher darauf hinzuweisen, wie ein serielles Abfotografieren von ausgestellten Originalen das Potential dieser Institution unterbietet. Mittlerweile geben wir uns mit der Hoffnung zufrieden, dass die vielfältigen Spaltungen in unseren Gesellschaften abflauen – wenn sie schon nicht zu einem Ende kommen. Überleben ohne Drama scheint als existentieller Ton – wenigstens in den Geisteswissenschaften – an die Stelle von Problemintensivierung getreten zu sein.

Für die Mitte des 21. Jahrhunderts kündigen statistische Hochrechnungen der Menschheit ein Ende ihrer demographischen Expansion an. Könnte dies zum Beginn einer Umkehr werden, einer Umkehr und einer Rückkehr von all den Enden, die wir hinter uns gelassen zu haben glauben? Oder ist dann alles so oder so schon zu Ende?

Neun Essays

Stierkampf

Wer sich mit den Stichwörtern ›Stierkampf‹ und ›Covid 19‹ auf eine Google-Suche machte, der stieß eine Zeitlang auf Texte in einer selten gewordenen Stimmung zwischen Euphorie und Selbstzufriedenheit. »Dem Virus gelingt, was Tierschutzaktivisten in Jahrzehnten nicht geschafft haben« – dieser Titel aus einer indischen Tageszeitung markiert den gemeinsamen Nenner vielfältiger Reaktionen auf den Niedergang des spanischen Nationalspektakels. Während die populärsten Mannschaftssportarten dank medialer Präsenz und massiver Subventionen damals in Zeiten der Corona-Pandemie die Gegenwart ihrer leeren Stadien überlebt haben, schien das Ritual des Stierkampfs nach einer fast tausendjährigen Geschichte am sicheren Ende angelangt.

Schon vor dem Einsetzen der Pandemie hatte eine lange Reihe einschlägiger Symptome und Restriktionen im ökologisch moralisierten Klima unserer Gegenwart ihren Höhepunkt erreicht: etwa mit dem Verbot von Stierkämpfen in Katalonien seit 2012, dem Ausschluss von Zuschauern unter vierzehn Jahren und von Übertragungen in den öffentlichen Medien, schließlich mit dem Ergebnis einer staatlichen Umfrage, nach der 84 Prozent der jungen Spanier kein Interesse an jener Tradition mehr haben.

Bald füllten die letzten Liebhaber im fortgeschrittenen Alter nicht einmal mehr die unter sozialen Distanzbedingungen verbleibenden Plätze in den Arenen. Eine Unterhaltungsbranche mit bis damals zwei Milliarden Euro Umsatz pro Jahr (und übrigens immer noch von Millionen Medien-Anhängern in China) stand vor dem Kollaps. Züchter von Kampfstieren verkauften die herangewachsenen Tiere für ein Zehntel des früher erzielten Preises an die Fleischindustrie.

Dieser unumkehrbare Trend verdeckt die Tatsache, dass die goldene Zeit des Rituals keine hundert Jahre zurückliegt und als Herzstück zu einer großartigen Epoche der spanischen Kultur gehörte. In einer gnadenlosen Rivalität zwischen der sozialistischen und der konservativen Hälfte der Nation, die zum Bürgerkrieg von 1936 bis 1939 führte, gab es außer dem Stierkampf keinen Gegenstand gemeinsamer Begeisterung. Drei als größte Matadore aller Zeiten gefeierte Protagonisten hielten sie wach: der jung vollendete und von einem Stier zu Tode gebrachte Joselito; der alle klassischen Erwartungen überbietende Juan Belmonte; und Ignacio Sánchez Mejías, der hinreißende Freund von Autoren, Musikern und Malern, auf dessen Sterben in der Arena Federico García Lorca ein bewegendes Klagegedicht schrieb. Mit der Veröffentlichung von Ernest Hemingways Buch *Death in the Afternoon* (*Tod am Nachmittag*) stiegen dann ab 1932 die existentielle Deutung des Stierkampfs und seine Ästhetik zu auch international verpflichtenden Themen unter den Intellektuellen auf.

Wie kann man jene längst fremd gewordene Faszination historisch erklären? Wahrscheinlich war sie aus einer Konzentration auf den Tod als Teil der menschlichen Existenz entstanden, wie sie sich in der Philosophie seit Nietzsche angebahnt hatte und durch die Heldentum zur Irrelevanz herabstufenden Materialschlachten des Ersten Weltkriegs auch Teil der breiten Kultur geworden war. Boxen, Bergsteigen oder das Durchschwimmen des Ärmelkanals mit den jeweiligen Risiken zogen nach 1918 die Aufmerksamkeit von Millionen an, als der Fußball noch ein bloßer Trendsport war – und die Feuerbestattung zu einem Hauptthema der öffentlichen Debatten wurde.

Erstaunlicher aber als die Erinnerung an die Stierkampfbegeisterung von immer noch angesehenen Malern, Denkern und Literaten wirkt der im geschichtlichen Rückblick aufscheinende Umstand, dass kritischer Widerstand gegen die ›Corrida‹, wie sie in Spanien heißt, keinesfalls als Errungenschaft des vergangenen halben Jahrhunderts gelten kann. Er artikulierte sich so früh wie die ersten Spuren der Leidenschaft für gefährliche Spiele mit Stieren. Seit dem Mittelalter war von ihnen immer wieder als Teil höfischer Feste die Rede, und schon bald nach 1200 verboten die ›Siete Partidas‹, ein Rechtskodex der kastilischen Monarchie, Klerikern jegliche Teilnahme. Philipp II. von Spanien, der als Herrscher seines Weltreichs die katholische Gegenreformation aufrechthielt, musste langwierige Verhandlungen mit dem Vatikan führen, um von der Exkommunikation ausgenommen zu werden, welche die Kirche über Freunde des Stierkampfs – wie den König – verhängt hatte. Und noch um 1800 versuchten seine Nachfolger – nun im Namen der Aufklärung –, mit der Corrida ein Ende zu machen.

Dies war aber auch die Zeit, als sich jenes hochchoreographierte Ritual entwickelte, das bis heute den Stierkampf ausmacht und dessen Vergangenheit Francisco de Goya 1816 in seiner Stiche-Sammlung *Tauromaquia* vorführt. Für das Mittelalter und die frühe Neuzeit sind allein Kämpfe von adligen Reitern mit Stieren belegt. Erst nach 1600 machte die lebensbedrohliche Konfrontation zwischen einem Menschen und einem Stier auf gleicher Ebene – zunächst als Passion des ›niederen Volks‹ – das Kernstück der Corrida aus. Aus dieser Grundkonstellation wurde sie dann in all ihren Dimensionen von mehreren Generationen der andalusischen Stierkämpferfamilie Romero auf die bis heute verbindliche Form gebracht.

Entgegen der politisch korrekten Meinung, dass Stierkämpfe niedrige Zuschauerfreude am Abschlachten von Tieren – und gelegentlich am tödlichen Unfall eines Matadors – bedienen, sind die drei Akte des Rituals so angelegt, dass sie einen Antagonismus, den ewigen Kampf zwischen Stier und Mensch mit Todesgefahr auf beiden Seiten inszenieren. Die Stiere müssen zwischen vier und sechs Jahren alt sein, also auf dem Höhepunkt ihrer Kraftentfaltung, und mindestens 460 Kilo schwer sein.

In der ersten Phase soll der Stierkämpfer die Möglichkeit nutzen, das besondere Raumverhalten des jeweiligen Tiers zu erfassen. Diese Fähigkeit sah der Philosoph Ortega y Gasset als das wesentliche Talent eines Matadors an. Im Anschluss reduzieren die Picadores als lanzenbewehrte Reiter die Energie des Tiers durch Blutverlust, während die ›Banderillas‹, welche dem angreifenden Stier in den Rücken gerammt werden, seine Aggression verschärfen sollen.

›Chancengleichheit‹ oder gar ›Fairness‹ wie beim Boxen oder Ringen kann im Kampf zwischen einem Tier und einem Menschen nicht aufkommen. Eben deshalb ist die Corrida kein Sport, sondern ein Ritual, das die Verschiedenheit der wechselseitigen Todesbedrohungen zwischen Tier und Mensch als elementare Situation vergegenwärtigt. Es handelt sich um eine unvermeidlich mit elementarer Männlichkeit aufgeladene Situation, weil nur ein männliches Tier die vorausgesetzte Bedrohung vergegenwärtigen kann – und dies ungeachtet der Tatsache, dass in der späten Zeit des Stierkampfs Frauen mühelos die Männerrolle übernommen haben.

Zuschauer, die sich auf dieses Ritual einzustellen verstehen (und das sind Frauen ebenso wie Männer), bewundern die überwältigende Kraft des Stiers und die kompakte Eleganz seines potentiell tödlichen Angriffs nicht weniger als den Todesmut des Matadors und die beherrschte Genauigkeit seines Schwertstoßes, der das Leben des Stiers plötzlich beendet. Die meisten berühmten Stierkämpfer sind in der Arena gestorben, und eine – freilich nur selten abgerufene – Regel der Corrida sieht vor, dass besonders eindrucksvollen Stieren der von Menschen vollzogene Tod zumindest in der Arena erspart werden soll.

In den Texten der Corrida-Bewunderung war es zu einer schönen Konvention geworden, die abschließende Phase des Kampfs zwischen Matador und Stier als einen Tanz zu feiern. Und es trifft zu, dass beide in charismatischen Augenblicken einen Rhythmus finden, dessen immer neue Formen sich wechselseitig hervorbringen. Doch in diesem Tanz wird – asymmetrisch – auch eine je verschiedene Nähe des Todes präsent, die auf der Seite des Menschen in eine Sehnsucht nach dem Tod – vielleicht als Rückkehr zum Status der Materie – umschlagen kann. Diese Ahnung beschwört eine Strophe von Lorcas Gedicht auf den Arena-Tod von Ignacio Sánchez Mejías herauf:

Niemand kennt dich mehr. Niemand.
Aber ich besinge dich.
Ich besinge die Form deines Körpers und deine Anmut
für spätere Zeiten.

Die berühmte Reife deines Wissens.
Deine Lust nach dem Tod und den Geschmack
seines Mundes.
Die Traurigkeit in deiner mutigen Freude.

Was gewinnt unsere Kultur mit der Abschaffung des Stierkampfs? Sie wird den Selbstverdacht los, einer Unterhaltung angesichts der Qual von Tieren Vorschub zu leisten – und macht sich dabei das Kompliment, dies als freies Zugeständnis von Rechten zu tun, wie sie Tiere naturgemäß nie selbst einfordern werden. Anders formuliert: Maßnahmen im Stil des Corrida-Verbots entstehen aus dem neuen Selbstbild einer Menschheit, die Gefühle ihrer kosmischen ›Solidarität‹ mit Tieren, Pflanzen und zunehmend auch Dingen entdeckt hat. Dagegen ist natürlich grundsätzlich nichts einzuwenden.

Kosmische Solidarität geht allerdings mit dem Wunsch einher, das – evolutionär gewisse – Ende der Menschheitspräsenz auf unserem Planeten ins Unendliche aufzuschieben oder womöglich ganz aufzuheben. Und dieser Wunsch besetzt den Horizont einer Kultur, die das Erleben des menschlichen Todes als Ende je eigener Existenz in ihrem Alltag unsichtbar gemacht hat. Rituale der Todesvergegenwärtigung generell hält sie für so unerträglich wie schon die Theologen des spanischen Mittelalters. Deshalb ist es so passend, dass die Zeit der Pandemie die Dekadenz-Geschichte des Stierkampfs zu seinem Ende bringt. Denn sie vollzieht sich ja im allerbesten Willen, den Tod statistisch und kollektiv, aber nie individuell ins Auge zu fassen.

Erfahrungen von der ›Gleichzeitigkeit des Ungleichzeitigen‹, etwa von Momenten des Eindrucks, dass Zeitgenossen nach Verhaltensmustern leben, die wir als längst vergangen ansehen, sind in der Welt elektronischer Kommunikation selten geworden. Einige Male pro Monat allerdings weckt der Name *Tatort* bei meiner Lektüre deutschsprachiger Medien genau dieses Gefühl. Denn er bezieht sich auf ein Fernsehprogrammelement unter einer Reihe von Prämissen, die für uns Kalifornier jedenfalls nicht mehr existieren – und beschwört damit die Jahrzehnte uneingeschränkter Dominanz des Fernsehens über den Alltag herauf. Fremd wirkt vor allem die sich durch alle *Tatort*-Passagen ziehende Erwartung, dass Millionen Zuschauer aus drei mitteleuropäischen Nationen an einem bestimmten Wochentag und zu einem bestimmten Zeitpunkt (am Sonntag um 20:15 Uhr, für die meisten von ihnen nach der ARD-*Tagesschau*) dieselbe fiktionale Kriminalgeschichte verfolgen und sich ab dem nächsten Morgen über diese ausführlich unterhalten werden.

Ob es aufgrund der zyklischen Wiederkehr von bestimmten Städten als Orten der Handlung mit ihren besonderen Bildern, Protagonisten und Dialekten immer noch zum *Tatort*-Sondereffekt des Erlebens einer kulturellen Einheit in vielfältiger Differenzierung kommt, lässt sich nur schwer abschätzen. Jedenfalls können der *Tatort*-Begriff und seine Implikationen ein sonst kaum Gestalt annehmendes Bewusstsein vom Abtritt einer Lebensform auslösen, der bis vor kurzem – trotz aller Intellektuellen-Einwände und kritischen Warnungen – ja gerade die Zukunft zu gehören schien.

Dabei zeigen die meisten unserer Wohnungen, wie konsequent wir selbst – nicht nur in den Vereinigten Staaten – an diesem Wandel mitgewirkt haben, ohne ihn zu bemerken: Verschwunden ist die typische Wohnzimmerecke, wo sich Familien allabendlich um den Fernseher als Möbelstück und die aufgeschlagene Programmzeitschrift versammelten, um aus enger Privatheit die sprichwörtlich ›weite Welt‹ zu erleben.

Inzwischen haben die über Vierzigjährigen das Möbel mit einem Bildschirm von früher ungeahnter Ausdehnung ersetzt, auf dem sie gelegentlich Live-Übertragungen von Sportereignissen verfolgen oder aufgezeichnete Episoden ihrer Lieblingsserien abrufen. Und mit der Übernahme solcher Angebote durch das polyfunktional-bewegliche Smartphone hat die Generation der ›Digital Natives‹ die Aushöhlung und Aufhebung ihres Fernsehraums zum Abschluss gebracht.

Trotz interner Ungleichzeitigkeiten handelt es sich hier um einen globalen Prozess. Als ich 1989 mit meiner Familie an die amerikanische Westküste kam, vermissten wir zwar den Halt einer zentralen Nachrichtensendung im Stil von *heute journal* oder *Tagesschau*, wie sie sich in einem Land mit drei Zeitzonen nicht realisieren lässt. Doch nach wenigen Tagen begannen die Kinder, jeden Morgen mit den Gestalten der *Sesamstraße* weitere Schritte in die neue Kultur zu machen (ihre Zeichnungen von ›Oscar the Grouch‹ bzw. Oskar aus der Mülltonne oder dem ›Cookie Monster‹ bzw. dem Krümelmonster haben wir gerahmt aufgehoben). Und um vier Uhr nachmittags war dann meine Frau zu Gast bei Oprah Winfrey und ihren typischen oder exzentrischen Gesprächspartnern aus allen nationalen Schichten und Ge-

genden. Wann hat das Fernsehen aufgehört, dem Familienleben so seine Matrix zu geben?

Um darüber nachzudenken, ob wir das bisher übersehene Ende seiner Epoche eher als Erlösung feiern oder als Verlust bedauern sollen, bedarf es einer prägnanten Auffassung von der Identität des Fernsehens als Medium, wie sie unter dem Eindruck eines permanent kulturkritischen Klagetons der Gebildeten nie zustande gekommen ist. Schon zu Beginn des 20. Jahrhunderts löste die Erfindung des Telefons und des Radios eine kollektive Sehnsucht nach entsprechenden Apparaten der visuellen Distanzübertragung aus, für die man von Beginn das Kompositum ›Fern-Sehen‹ verwendete.

Als dann Mitte der 1920er Jahre einschlägige Experimente in Großbritannien gelangen, stellte sich heraus, dass markante Vorstellungen für ihren Gebrauch ganz und gar fehlten. Dieser eigentümliche Aufschub rief Stimmen vorübergehender Erleichterung bei Beobachtern hervor, die pessimistische Visionen vom zukünftigen Einfluss des Fernsehens auf das soziale Leben hegten.

Da aber seine Faszination und die Intensität der mit ihm verbundenen Erwartungen anhielt, zelebrierte die nationalsozialistische Regierung Deutschlands am 22. März 1935 die Einführung des »Ersten regelmäßigen Programmdienstes« als einen Triumph der eigenen Fortschrittlichkeit – weiterhin ohne überzeugende Ideen für die inhaltliche Auffüllung dieses Rahmens. Nicht einmal die – technisch komplizierte – Übertragung der Leichtathletik-Wettbewerbe bei der Berliner Olympiade 1936 in eine Reihe von Kinosälen brachte den Verkauf von weit unter Produktionspreis angebotenen Familien-Fernsehgeräten in Gang.

Erst gegen 1950, über zwanzig Jahre nach den ersten Erfolgen der visuellen Technologie, entschieden sich einige amerikanische Sender für Programminhalte, die das Fernsehen dann plötzlich zum weltweit populärsten Medium machten. Im Vordergrund standen als Serien konzipierte Unterhaltungsabende mit Wettbewerbsritualen (zunächst vor allem mit Quiz-Fragespielen) und Episoden aus dem Alltag von fiktionalen Durchschnittsfamilien (als emblematisch gilt im historischen Rückblick die Reihe *Father Knows Best*, die auch in Deutschland unter dem Titel *Vater ist der Beste* Beliebtheitsrekorde brach und zum Vorbild für die Fernsehfamilien »Schölermann« und »Hesselbach« wurde). Im Rahmen der auf die weite Welt geöffneten Privatheit fand jetzt die paradoxale Ersetzung des vom Fernsehabend zum Schweigen gebrachten wirklichen Familienlebens durch das Leben erfundener Familien statt – und die Ersetzung ihrer eigenen Spiele durch Spiele auf dem kleinen Bildschirm.

Die langfristige Wirkung dieses ebenso paradoxalen wie tautologischen Austauschs zwischen wirklichem Leben und Bildschirmleben hing von zwei Voraussetzungen ab: Zuerst mussten sich Sendezeit und Struktur der Programme an die Formen der Nachmittags- und Abend-Freizeit in den Familien anpassen. Und außerdem hatte an die Stelle von Vertrautheit innerhalb der Familie eine Vertrautheit mit den in jeweiligen Serien wiederkehrenden Entertainern und mit den Schauspielerrollen in ihren jeweiligen Umwelten zu treten. Anders ausgedrückt: Fernsehprotagonisten wurden millionenfach zu Familienmitgliedern. An Abenden mit den ›Quizmeistern‹ Peter Frankenfeld und Hans-Joachim Kulenkampff stellte ich als Grundschüler voller

Vorfreude Stühle für die Familie (einschließlich Großeltern) auf, zuerst wie im Kino und später in einem Halbkreis. Auch an den Werbespruch »Ist der Fernsehabend da, Hausschuh-Marke Romika« erinnere ich mich, mit dem die Eroberung entspannter Familien-Privatheit durch das Fernsehen ihre gereimte Bestätigung erhielt. Dass daneben die als Unendlich-Serien inszenierten Nachrichtenprogramme und vor allem Live-Übertragungen eine wesentliche Rolle beim zunächst unaufhaltsam scheinenden Aufstieg des Mediums spielten, belegen die Krönung Elisabeths II. 1953 und die Fußballweltmeisterschaft 1954 als Schwellenereignisse für den Verkauf von Fernsehgeräten.

Doch am Anfang und im Zentrum der Fernsehepoche hatte die paradoxale Lebensform der gemeinsam schweigend auf die eigene Welt als Bildschirmwelt konzentrierten Familie gestanden. Zu ihrer schleichenden Auflösung hat eine Vielfalt von Dezentralisierungseffekten elektronischer Kommunikation beigetragen (welche Smartphone-Besitzerin würde bis 20:15 Uhr auf eine Serienepisode warten, an der ihr gelegen ist?). Entscheidend war aber wohl jene Software, welche die automatisierte Aufzeichnung beliebiger Programminhalte ermöglicht und so die Zeit der Programmstruktur definitiv vom Tageslauf der Zuschauer entkoppelt hat (dass der *Tatort* immer noch als kollektives Sonntagabend-Ereignis wahrgenommen wird, muss man wohl als Phänomen eines nostalgischen Überlebens abbuchen). Die verbleibenden Bildschirme sind zu Nischen für einen individuellen Serien- und Medienarchiv-Konsum (Netflix) geworden, der das sanfte Suchtphänomen des ›Binge Watching‹ (›Komaglotzen‹) befördert. Genüssliches Warten auf die nächste Folge der Lieblingsserie stellt sich kaum mehr ein, wenn immer schon zu viele aufbewahrte Episoden zur Auswahl stehen.

Haben wir viel zu verlieren in diesem Prozess? Die Netflix-Funktion könnte Kinos für immer aus unserem Leben verdrängen – oder aber auch den Kinobesuch, gerade weil er seltener wird, zu neuem Status erheben. Doch sollte man nicht das Ende der Fernseh-Familie, die so lange ein Lieblingsgegenstand bildungsbürgerlichen Nörgelns war, als eine Erlösung begrüßen? Als Erlösung wofür, wäre dann zu fragen. Denn in die leer gewordenen Stunden kehrt ja keinesfalls jene unmittelbar-lebhafte Geselligkeit zurück, die das Fernsehen angeblich liquidiert hatte – und die wohl ohnehin nie mehr als ein romantischer Wunschtraum gewesen ist. Als Symbolgestalt von Medien-Gegenwart und Medien-Zukunft sitzt der Binge-Watcher mit seinem Smartphone allein im ehemaligen Wohnzimmer. Muss uns das deprimieren? Oder ist der Binge Watcher nicht mit seiner entschlossenen Einsamkeit, seiner individuellen Verfügung über alle Programme und seiner Unersättlichkeit eine Reinkarnation des auch als einsam und unersättlich kanonisierten Leser-Individuums aus der bildungsbürgerlichen Epoche? Darin läge die letzte Paradoxie der Fernsehepoche – vielleicht schon jenseits ihres Endes.

Bargeld

Die Älteren unter uns können sich noch an eine Gegenwart erinnern, sie mag über ein halbes Jahrhundert zurückliegen, als Begriffe wie ›bargeldloser Zahlungsverkehr‹ oder ›bargeldlose Gehaltsabwicklung‹ den Klang von nicht mehr ganz frischen Utopien hatten. Auf das zeitraubende Auszählen von Geldscheinen zu verzichten und das Risiko ihres Verlusts eliminieren zu können, schätzte man damals als einen selbstverständlich werdenden Vorteil, der in vorelektronischer Zeit freilich auf höhere Summen beschränkt blieb und entsprechende Gebühren rechtfertigte. Den kleinteiligen Alltag wirtschaftlicher Transaktionen beherrschten weiter Banknoten und Münzen derart eindeutig, dass ohne sie niemand das Haus verließ und die Verweigerung von Bargeldannahme unvorstellbar war.

Eher zögerlich setzte in Europa der Gebrauch von Kreditkarten ein, vor allem befördert durch den sich während der 1970er Jahre schnell ausbreitenden Tourismus. Doch wenn die Mühen des Bargeldwechselns zwischen verschiedenen Währungen ihre Funktion auf Reisen plausibel machten, so begleitete die per Kohlepapier auf einer quietschenden Maschine abgepausten Daten von den mechanisch fühlbar aus den Karten herausragenden Buchstaben und Zahlen noch lange der Verdacht, vor allem individuelle Zahlungsschwierigkeiten zu überbrücken. Ihr Aufstieg und der daran gebundene Rückgang von Bargeldoperationen nahm dann endlich Fahrt auf dank der elektronisch ermöglichten Synchronisierung von Zahlungsakt und Zahlungsgenehmigung seitens der je zuständigen Bank, nicht ohne Gegenbewegungen, wie die wachsende Verbreitung von Bargeldautomaten gegen Ende des 20. Jahrhunderts belegt.

Schon als mein kalifornisches Leben 1989 begann, hielten Verkäufer Hundert-Dollar-Noten mit habitueller Skepsis gegen das Licht, doch erst der Hygiene-Furor unserer Covid-Jahre könnte diesen erstaunlich langwierigen Prozess nun zu einem beinahe hastigen Ende bringen. So haben etwa zahlreiche Fluglinien den Kauf von Snacks und alkoholischen Getränken in der Touristenklasse ausschließlich an elektronische Zahlung gebunden. Tatsächlich lief mein Experiment, einen Cappuccino im Café der Universitätsbibliothek mit einem Zwanzig-Dollar-Schein zu begleichen, auf ein Kaffee-Geschenk hinaus, denn Wechselgeld war nicht verfügbar.

Mittlerweile haben sich ambivalente Standardreaktionen im Blick auf die vor uns liegende Schwelle etabliert. Niemand will in Abrede stellen, wie vielfältig praktischer das Leben mit der Karte geworden ist. Doch profitiert ›der Kapitalismus‹ nicht allzu sehr davon, dass sie uns lockerer in der Tasche sitzt als Scheine, weil sie Geldverlust unsichtbar macht? Und die langen Spuren aus vollzogenen wirtschaftlichen Akten, die wir den Firmen (und der Politik) zu unserer Manipulation überlassen? Genau genommen betreffen solche Klagen allerdings bloß Folgen der Elektronisierung von Wirtschaft, die sich unabhängig vom Verbleiben oder Verschwinden des Bargelds vollziehen. Eigenartig schwer fällt es dagegen, jene Schwelle in den Blick zu bringen, die mit dem Einzug des letzten Geldscheins überschritten sein wird.

Setzen wir also noch einmal historisch langfristiger ein, um zusätzliche Perspektiven zu gewinnen, und zwar am Beginn jener in ihren Einzelheiten nur für Spezialisten durchschaubaren Entwicklung, die mit der Verwendung von Edelmetallen als Zahlungsmittel begann. Gold-, Silber- oder Kupfer-Stücke haben schon immer auf sich selbst verwiesen, sie ›sind‹ ihr gesellschaftlich anerkannter Wert, aufgrund dessen man sie für andere Gegenstände eintauschen kann. Sie unterstützen jedoch auch soziale Repräsentation. Reichtum wurde in der Vielzahl von Münzeinheiten und in deren Ausdehnung zu ›Schätzen‹ vorzeigbar. Und unter den Wohlhabenden gab es von Beginn an die Geizigen, welche wegen ihrer Fixierung auf das Metall dessen Tauschfunktion nicht mehr vollziehen konnten. Honoré de Balzac hat ihrer Krankheit in der Todesszene des Vaters seiner Titelheldin Eugénie Grandet eine emblematische Gestalt gegeben: Ein letztes Mal erhebt sich der Alte vom Sterbebett, um mit Inbrunst den – metallenen – Leib Christi auf dem Kruzifix zu küssen, mit dem ihn der Priester im Sakrament der Letzten Ölung segnet.

Seit der im 17. Jahrhundert durch den Edelmetallimport aus Südamerika ausgelösten Erfahrung von der inflationären Instabilität des Münzenwerts wurde es üblich, juristisch beglaubigte Dokumente auszugeben, die den vorhandenen Besitz bestimmter Geldmengen bestätigten und die an ihrer Stelle als Kaufinstrumente verwendet wurden. Solche Vorläufer von Banknoten zeigten zwar nicht mehr auf sich selbst, sondern auf je individuell gegenständlichen Besitz und später, als Gesamtmenge der vom Staat in Umlauf gebrachten Zahlungsmittel, auf eine benennbare Quantität von Edelmetall (genau diese Bedingungsstruktur setzen bis heute die Inschriften auf Geldscheinen voraus). Doch auch im Zeitalter der Scheine als garantierten Besitzzeichen war ein ›prall mit Banknoten gefülltes Portemonnaie‹ – so wie früher der Schatz – ein Symptom von Reichtum. Noch in den 1970er Jahren lag dem Krupp-Erben Arndt von Bohlen und Halbach daran zu bemerken, dass seine Angestellten bei Mode-Einkäufen in der Düsseldorfer Innenstadt »50 000 Mark Klimpergeld« für ihn parat hielten.

Nach frühen Versuchen, diskrete Symbol-Hierarchien

für Kreditkarten durchzuhalten, steht ihr Aussehen heute nicht mehr in einem bestimmten Verhältnis zu den je verfügbaren Geldmengen, und damit ist eine Sozialdemokratisierung aller Choreographien wirtschaftlichen Verhaltens eingetreten. Der Kreditkartenbesitzer orientiert sich weniger an einer verfügbaren Geldsumme als an einem ›Kreditrahmen‹, der tägliche Zahlungen mit dem Effekt absorbiert, dass jedermann die innerhalb seiner Lebensform aufkommenden Bedürfnisse oder Wünsche erst einmal schmerzlos abdecken kann. Vor allem aber hat sich mit der Gleichheit aller Kreditkarten ein Tabu über jegliche Inszenierungen von Reichtum gelegt. Silicon-Valley-Milliardäre fahren dieselben SUVs wie High-School-Lehrer, Zahnärzte oder die Kellner beliebter Restaurants. Fashion zu tragen ist immer weniger ein Privileg und schon gar nicht eine Standesverpflichtung für die Reichen.

Doch eher als die Analyse der von ihnen ausgelösten Verhaltensformen hilft ein Vergleich zwischen den Kreditkarten, den sie als Zahlungsinstrumenten nun geradezu hektisch ersetzenden Smartphones und den noch nicht ganz verschwundenen Banknoten weiter, um die anstehende Schwelle zum bargeldlosen Leben mit ihren flüchtigen Konturen prägnant in den Blick zu rücken. Als ›Dinge‹ vermitteln sie uns alle ein greifbar-haptisches Verhältnis zu den wirtschaftlichen Operationen, die wir mit ihnen vollziehen.

Aber was genau bedeutet es, von Gegenständen ›als Dingen‹ zu reden? Martin Heidegger hat dieser Frage einen seiner potentiell verwirrendsten und zugleich inspirierendsten Texte gewidmet:

Erste Antwort: Wenn wir uns zu einem Geldschein, einer Kreditkarte oder einem Smartphone etwa »als Ding« verhalten, dann klammern wir jene Funktionen ein, die sie im Normalfall als »Gegenstände« erfüllen.

Zweite – und etwas schwerer nachzuvollziehende – Heidegger-Antwort: In ihrer Konkretheit vergegenwärtigen uns »Dinge« das »Geviert,« das heißt die allem menschlichen Denken vorausgehende Prämisse, dass unsere Existenz zwischen dem physischen Himmel über uns und der Erde unter uns stattfindet, zwischen der Annahme, dass es »höhere Kräfte« gebe, und dem Zusammenleben mit anderen »Sterblichen«. Für das »Geviert« verwendet Heidegger auch den Begriff der »Welt« in dem durchaus alltagssprachlichen – und für das elektronische Zeitalter nicht mehr ganz selbstverständlichen – Sinn, dass sich unsere Existenz in materiell-körperlich-räumlichen Dimensionen vollzieht. In dieser Hinsicht unterscheiden sich Geldscheine, Kreditkarten und Smartphones voneinander nicht. Denn als Dinge und mithin als Verdichtung der Dimensionen des Gevierts bewahren sie alle unserem wirtschaftlichen Verhalten eine Ahnung von der Welt als Materialität.

Doch wodurch unterscheiden sich jene drei Dinge? Für die Generation der ›Digital Natives‹ zumal bezieht sich das Smartphone (und nun auch dessen Verlängerung, die Smartwatch) auf jegliche Dimensionen unseres Verhältnisses zur Welt: nicht allein auf wirtschaftliche Handlungen, sondern auf Kommunikation mit anderen Menschen, auf Abrufen von Wissen, auf visuelle Erfahrung unserer Umgebung auch als Kamera, Weckfunktion oder Taschenlampe – auf alles eben. Im Smartphone als Ding erreicht unser Weltverhältnis deshalb seine höchste Allgemeinheit und Abstraktheit, aber auch eine minimale, vielleicht letzte Stufe, weil es ja alle denkbaren Weltverhältnisse in einer einzigen Geste zusammenbringt.

Die Kreditkarte dagegen verdichtet allein die Beziehung wirtschaftlichen Verhaltens zur Welt. Dies gilt auch für Geldscheine. Aber im Gegensatz zur Gleichheit aller Kreditkarten kann man viele oder wenige Scheine, Scheine von großem oder kleinem Wert in der Tasche tragen und damit zu einer sich nun auflösenden Welt gehören, wo Reichtum noch gelegentlich sichtbar wird. Ins Positive gewendet: Dinge, die wie Banknoten innerhalb gewisser Grenzen vervielfacht werden können, machen Gesten individueller Differenzierung möglich.

Wohl um zu demonstrieren, dass er ein Mann des deutschen ›Wirtschaftswunders‹ geworden war, zahlte mein Onkel in den 1960er Jahren jeden Samstagmorgen den beim Bau seines Eigenheims beschäftigten Arbeitern den Wochenlohn in bar aus. Seine Familie fand dies überaus peinlich, und in einer Welt ohne Bargeld wäre ihr solches Leiden erspart geblieben. Sollten wir also die abstrakt minimalistische Geste des Smartphones als die elegantere Beziehung zu Raum und Materie auffassen? Das bevorstehende Leben ohne Bargeld wird uns eine solche Reaktion nahelegen.

Erotische Leidenschaft

Dass einer der beiden Großväter einundzwanzig Jahre vor meiner Geburt gestorben war und neben ein paar Fotografien nur dünne Erinnerungen hinterlassen hatte, machte mir zu schaffen. Denn ich sehnte mich nach einer Familiengeschichte, die tiefer gehen sollte als über Generationen weitergegebene Namen, Berufe und ungewisse Ähnlichkeiten in den Gesichtszügen.

Doch Leidenschaft unter den Vorfahren hatte sich eigentlich nur einem einzigen Schwarz-Weiß-Bild aus der Zeit vor dem Ersten Weltkrieg eingeprägt. Die Großmutter im Rüschen-Kleid auf hohen weißen Schuhen und mein Großvater mit der Hand lässig in die Hüfte gestützt, beide noch keine zwanzig Jahre alt und einander strahlend zugewandt. Das war der Tag, redete ich mir ein, an dem Vinzenz um Maries Hand angehalten haben musste.

Enkeln von heute liegt wenig an solchen Affekt-Traditionen. Wie ganz anders es früher gewesen war, wollen sie von mir wissen: als die Leute nicht sichtbar wurden, mit denen man telefonierte; als die Eltern sonntags zum Hochamt gingen, wo nur ihr Sohn im Ministrantengewand dem Priester assistieren durfte, während die Tochter in der Bank knien blieb; und als kein Zukunftshorizont aufregender war als der mit sechzehn zu absolvierende ›Tanzkurs‹. Wie sehr wir es damals auf Küsse abgesehen hatten, finden meine Enkel bizarr, während ich ungeduldig werde, weil sie mir immer noch nicht vom ersten Freund oder der ersten Freundin erzählen.

In unserem Jungen-Leben nach dem Stimmbruch nämlich drehte sich alles um die ›feste Freundin‹. Kein Handballsieg und schon gar keine Prüfungsnote konnte mit ihrer Wirkung auf Selbstgefühl wie Prestige konkurrieren. Und jeder kleine Schritt zu mehr Körpernähe musste gleich zum nächsten Schritt führen. ›Zusammen schlafen‹, wie wir uns kaum zu sagen trauten (›Umarmen‹ klang auch nicht richtig), war das eine Ziel, mit dem wir beständig beschäftigt waren und auf das überall ›freizügige‹ Bilder im Marilyn-Monroe- und Brigitte-Bardot-Stil verwiesen.

Genauso klar hatten wir das bedingungslose Verbot im Kopf, das die feste Freundin verpflichtete, aus Angst vor Schwangerschaft als Schlimmstfall die Erfüllung des einen Wunschs bis zur Heirat – oder mindestens bis zur Verlobung – aufzuschieben. Nichts war unmöglicher als das, was wir am meisten begehrten. Um die Matura- bzw. Abitur-Zeit kamen dann erste Gerüchte von der ›Anti-Baby-Pille‹ auf. Doch da sie erst einmal verschreibungspflichtig und deshalb verheirateten Frauen vorbehalten blieb, dauerte es noch lange, bis entsprechende Utopien Wirklichkeit wurden.

Jene Verschachtelung von erotischer Leidenschaft mit der Ehe, die wir ebenso frustrierend wie natürlich fanden, war erst nach 1800 im Zug der Romantik zu einer Institution der bürgerlichen Welt geworden. Zuvor hatten je besondere Kriterien von Besitz- und Ansehens-orientierten Interessen für alle Stände der Gesellschaft die Auswahl wie das Verhalten von Eheleuten bestimmt. Erotische Intensität sahen sie als einen Gegensatz an, der außerhalb ihres auf Dauer angelegten Bundes lag – nie entschiedener als im Mittelalter. Das Verständnis dieser im doppelten Sinne romantischen Ehekonstruktion verdanken wir dem Westschweizer Historiker Denis de Rougemont.

Sein Buch *L'amour en Occident* aus dem Jahr 1939 zeigte zum ersten Mal, wie im mittelalterlichen Tristan-Roman das wegen Isoldes Ehe bestehende Erotikverbot ein Leiden begründete, welches die beiden Liebenden zum Ideal wahrer Leiden-Schaft erhob – und auch zum Ursprungmodell persönlicher Tragödien machte. Ausgerechnet die ursprünglich Ehe-ferne Extrem-Version einer ekstatischen Zweierbeziehung war dann seit dem 19. Jahrhundert zum Selbstverständnis verheirateter Paare geworden. Allein die leidenschaftliche ›Liebe des Lebens‹ sollte zum Traualtar führen, ›Vernunftehen‹ galten als Notlösung. Und obwohl dieses Syndrom Ehegatten und Nachkommen regelmäßig überforderte, behielten Scheidungen den Status einer nach Kräften zu vermeidenden Ausnahme.

In der Auffassung der Gegenwart nun gehen Leidenschaft, Liebe und Ehe, die fast zwei Jahrhunderte lang neben dem Alltag auch unsere Imagination beherrscht hatten, zunehmend in Beziehungen von Partnerschaft über. Wie Freunde bindet Partner keine Pflicht aneinander, doch anders als bei Freunden gibt es unter Partnern stets praktische Gründe, die ihre Gemeinsamkeit nahelegen. Könnte man also sagen, dass wir erleben, wie eine erfolgsorientierte Version von Freundschaft die Liebe als Grundform gesellschaftlicher Existenz ersetzt? Im europäischen Spanisch ist immerhin an die Stelle der traditionellen Wörter für ›Freund‹, ›Geliebte‹ und ›Frau oder Mann‹ der pauschal Affekt-, Geschlechts- und sogar Ironie-neutrale Begriff *pareja* getreten, der einfach ›Partnerschaft‹ bedeutet und allen denkbaren Alltagsmotivationen offensteht.

Kinder zu haben und zu erziehen oder die Intensität von Leidenschaft zu spüren, sind keinesfalls mehr die mit Gewissheit zu erwartenden oder gar verpflichtenden Hauptgründe von Ehen. Wenn die Feier der Hochzeit früher das Glück der großen Liebe und die Ernsthaftigkeit einer beginnenden Dauer hervorhob, so wird nun umgekehrt meist der Rückblick auf eine anhaltend positive Erfahrung des Zusammenlebens und auf den aus ihr entstandenen Freundeskreis zum Anlass eines Fests. Irgendwelche Grenzen für die Funktionen, Formen und Zeitlichkeit von Partnerschaften, die aufgrund bestimmter gesetzlicher Vorteile oder einfach aufgrund der Freude am öffentlichen Status zur Ehe werden, gibt es jedenfalls nicht mehr. So muss wohl auch das Konzept der ›Lebensabschnittbegleiterin‹ entstanden sein, mit dem der Traum von einer ›Liebe des Lebens‹ endgültig verabschiedet ist. Je neue Abschnitte der Existenz rücken andere Inhalte für die privaten Stunden in den Vordergrund und lassen so die Wahl auf immer neue Partner fallen. Den Aufwand einer Heirat mit sicher folgender Scheidung erspart man sich auf diese Weise.

Unter solchen Vorzeichen von Partnerschaft gewinnen Zweier- wie Familienbeziehungen an Vernünftigkeit und entschärfen zugleich die Spannung des latenten Paradoxes in der traditionell romantischen Ehe als auf Dauer gestellter Leidenschaft. Doch wenn ich mich an die Welt meiner Jugend erinnere, überfällt mich manchmal die Frage, wo die alte Leidenschaft, Erotik und Intensität von Sex in unserer Gegenwart der stressfreien Beziehungen ihren Ort gefunden haben könnten. Geben sie den Paaren von heute noch das singulär-unersetzliche Fundament ihres Zusammenlebens? Oder würde die körperliche Intensität durch gemeinsames Kochen nach Michelin-Rezepten, Wanderungen über Risikopfade, Kulturreisen, Konzerte, Tennis und Skifahren ersetzt?

Und nicht nur die Dimension von Intimität in den langfristigen Beziehungen könnte sich verschoben haben: Auch die Präsenz von Pornographie oder (längst zu »Sex-Arbeit« gereinigter) Prostitution, die früher ostentativ aus der Gesellschaft ausgeschlossen und doch immer zugänglich waren, ist nicht mehr dieselbe. Hat das Web all die Bilder und Wörter absorbiert, um sie für entspannten Privat-Konsum verfügbar zu machen? Es gab eine Zeit, wo sich aufgeklärte Geister verpflichtet fühlten, direkt und ohne Tabus über Sexuelles zu sprechen. Heute reagieren wir auf solche Sätze eher wie auf ein Parfum, das sich mit allzu schwerem Geruch aufdrängt – und ringen uns doch noch zu unaufgeregter Offenheit durch.

Hat Partnerschaft also die Leidenschaft aufgehoben? Eine solche Interpretation ließe sich als Verlängerung jener These verstehen, gegen die der große Historiker Michel Foucault seine Bücher zur Geschichte der Sexualität schrieb. Angeblich hätten wir uns schrittweise von einer seit dem christlichen Mittelalter bestehenden Unterdrückung emanzipiert – und nun verschwinde, könnte man fortsetzen, als überschießender Effekt der vermeintlich erreichten Befreiung selbst der Wunsch nach Sex ganz aus der Gesellschaft. So gesehen scheint der Partnerschaft eine Aufhebung im geradezu hegelianischen Sinn gelungen zu sein.

Wie gesagt war Foucault ein Gegner von solch geradlinigen Entwicklungsthesen. Er versuchte, die je spezifischen, oft zueinander im Kontrast stehenden Regelungen zu rekonstruieren, unter denen sich zum Beispiel Sexualität in verschiedenen historischen Momenten vollzog. Auf die Herrschaft des Paradoxes von Leidenschaft und Pflicht in der romantischen Ehe war seit Mitte des 20. Jahrhunderts eine Emphase von Freiheit, Promiskuität und Experimentierlust gefolgt. Mittlerweile haben wir unter dem Vorzeichen von ›Partnerschaft‹ die Schwelle zu einer Zeit überschritten, die für sich selbst mit gutem Anlass den Begriff ›post-sexuell‹ erfunden hat. Wie müssen wir uns dann, sollte Leidenschaft noch nicht ganz aufgehoben sein, ihre Zukunft vorstellen? Wird es zu jener Renaissance von Keuschheit und Jungfrauenschaft kommen, die als Prognose oder Drohung schon seit der Jahrtausendwende bevorsteht? Oder wartet ein Projekt der Befreiung vom Leiden an der Liebe auf uns?

Die Familien-Kontinuität von Leidenschaft jedenfalls, nach der ich mich gesehnt hatte, werde ich meinen Enkeln nicht weitergeben können.

Gelehrsamkeit

Sich Unmögliches vorstellen zu können, also auch Fähigkeiten oder Leistungen, die man Menschen grundsätzlich nicht zutraut, hat seit unvordenklicher Zeit zu unserem Selbstbild als Gattung gehört. Doch nun verschiebt sich im Bewusstsein der Gegenwart die Grenze zwischen dem Menschenmöglichen und dem früher Unmöglichen. Damit schrumpft freilich auch die Sphäre der Unerreichbarkeit, die die Begriffe von der Allgegenwart, der Allwissenheit oder der Allmacht markiert hatte und aus denen die Religionen ihre Gottesbilder schöpften.

Unter dem Impuls heutiger elektronischer Rechenkapazitäten haben sich die Gottesbegriffe als traditioneller Horizont des Unmöglichen in konkrete Möglichkeiten des Alltags verwandelt. Abgesehen von der berechtigten Frage, ob uns solch eine Entwicklung eher inspiriert oder überlastet, werden in den gegenwärtigen Modalitäten globaler Kommunikation klassische Vorstellungen von göttlicher Allgegenwart und Allwissenheit wirklich. Dies eröffnet einen neuen, kontrastiven Blick auf das früher Menschenunmögliche. Die Allwissenheit zumal der monotheistischen Götter sollte Besitz definitiven Wissens sein und war mit der Allweisheit seines Gebrauchs verbunden. Dagegen befindet sich die Allwissenheit des World Wide Web in beständiger Erneuerung und hat nichts mit der Frage zu tun, wie wir sie verwenden.

Schon die selbstverständliche Rede vom ›Gebrauch des Wissens‹ und die Unterstellung seines Anwachsens setzen eine Folge dramatischer Veränderungen in der menschheitsgeschichtlich eher kurzen Spanne seit dem Mittelalter voraus. Unter orthodox christlichen Voraussetzungen sollte alles Wissen aus der Gnade der Offenbarung hervorgehen, genauer: aus Gottes »unergründlichem Ratschluss«, den Menschen einen Teil seines Allwissens mitzuteilen, um ihrem Leben in der Schöpfung Leitlinien zu geben. Dieses geoffenbarte Wissen jedoch schien den Menschen permanent vom Vergessen bedroht, dem sich etwa die Arbeit der klösterlichen Schreibstuben entgegenstemmte. Erst mit den Säkularisierungsschüben der frühen Neuzeit und der aus ihr entstehenden Erwartung einer offenen Zukunft wurde Wissen zu einer von den Menschen selbst in der ›Forschung‹ produzierten konzeptuellen Erfassung der Welt, die auf permanente Erweiterung und zunehmend auch auf Verbesserung der Welt gestellt war.

Aus dem Anwachsen des Wissens und der Anwendung auf menschliche Ziele entstand ein Bedürfnis nach seiner Ordnung, das schon im antiken Alexandria und umso mehr seit der Erfindung des Buchdrucks Mitte des 15. Jahrhunderts an die Ordnungen von Bibliotheken gebunden war.

Mit dem General Stumm von Bordwehr aus dem *Mann ohne Eigenschaften* hat Robert Musil dieser Sehnsucht eine bemerkenswerte Parodie gegeben. Als »stattliche Gestalt mit einem kleinen Bauch« in der hellblauen Uniform des österreichischen Militärs sieht es Stumm als seine Pflicht an, alle in den hochfliegenden Diskussionen zur Sicherung des Weltfriedens entstehenden Ideen wie auf »einem Meldezettel durch Kreuz- und Querlinien in Felder geteilt« übersichtlich zusammenzufassen. Nach dem Scheitern des Projekts muss er dann in der Staatsbibliothek erfahren, dass deren Direktor nur deshalb in Anspruch nehmen kann, den Ort eines jeden von drei Millionen Büchern auf den Regalen zu kennen, »weil er keines von ihnen liest«.

General Stumm ist natürlich eine ironische Gegenfigur zu der im frühen 20. Jahrhundert um sich greifenden Intellektuellenmeinung, dass es eine absolut gültige Struktur des Wissens nicht geben könne. Am Ende jener Bewegung stand die konsequente Historisierung aller Wissensformen im Werk des großen Michel Foucault. Da zum Denken Foucaults aber auch die Historisierung seiner eigenen Positionen gehörte, wäre er wahrscheinlich nicht überrascht gewesen zu sehen, dass wir heute wieder bei der praktischen Prämisse einer Objektivität des Wissens angekommen sind, wie sie General Stumm gewiss erfreut hätte. Den Weg dahin allerdings hätte sich wohl selbst ein Foucault kaum vorstellen können.

Er begann mit dem fortschreitenden Auslagern breiter Wissensbestände auf das entstehende Internet. Ich erinnere mich noch lebhaft an eine ungeduldige Bemerkung von Terry Winograd, einem Vordenker der Kommunikationsformen zwischen Computern und Menschen in Stanford,

»niemand könne die Struktur jenes neuen Horizonts für unser Leben verstehen«.

1995 ermutigte derselbe Winograd seinen Doktoranden Larry Page, das Projekt einer mathematischen Erfassung des Internets unter allen Bedingungen zu verfolgen. Und noch einmal fünf Jahre später feierten die Medien die von Page mit seinem Freund Sergey Brin unter dem Namen »Google« auf den Markt gebrachte Suchmaschine als einschneidendste medientechnische Innovation seit Johannes Gutenberg.

Dabei hatten die beiden Studenten als Fußsoldaten in einem internationalen Heer von Programmierern angefangen, die damals nach einer Ordnungsformel für die elektronischen Wissensbestände suchten. Den Erfolg, der sie plötzlich zu Multimilliardären und emblematischen Figuren unserer Zeit machte, verdankten sie einer doppelten Intuition im elementaren Stil genialer Ideen: Erstens visierten sie nicht ein als absolut konzipiertes Wissen an, sondern Wissen aus der Perspektive je spezifischer Fragen. Und zweitens machten sie die Suche nach Antworten nicht von der Einschätzung ihrer Qualität abhängig, sondern von der arithmetisch erfassbaren Zahl der jeweiligen Benutzer. Aus einem in Büchern und im Gedächtnis gespeicherten Potential von Antworten war ›Wissen‹ mit einem Mal zu einer elektronisch produzierten Auswahl von Antworten auf jede einzelne Frage geworden. Eine überwältigende Welle der Wissensdemokratisierung war eingeleitet worden – und stillschweigend auch eine informelle Objektivierung der sich ohne Ausnahme einstellenden Auskünfte, die von Fall zu Fall niemand mehr hinterfragte.

Diese vor wenigen Jahrzehnten noch undenkbare Form von säkularer Allwissenheit macht eine wesentliche Dimension des Bewusstseins unserer Gegenwart aus, weil wir sie einerseits mühelos in die Praxis unseres Lebens eingebaut haben, während wir andererseits zögern, ihre langfristigen existentiellen Konsequenzen zu durchdenken.

Niemand kann zum Beispiel übersehen, dass die Effizienz der Suchmaschinen den funktionalen und auch den sozialen Wert aller Formen von ›Gelehrsamkeit‹ drastisch herabgesetzt hat, doch verlaufen trotzdem die meisten Prüfungen oder Einstellungsgespräche noch immer als Rituale der Wissensabfrage. Welche veränderten Strategien zur Entwicklung von Thesen und Projekten sich aus dem veränderten Wissenszugang ergeben könnten, kommt unter diesen Voraussetzungen gar nicht erst in den Blick.

Komplexer ist das Problem eines neuen Ansatzpunkts für die seit der Aufklärung so hoch geschätzte ›kritische‹ Einstellung:

Einerseits gehört es zum Habitus von Zeitgenossen mit traditionellem Bildungsanspruch, sich prinzipiell kritisch bis abfällig über die etwa von »Wikipedia« bereitgestellten Informationen zu äußern, obwohl sie in Umfang und Differenzierung dem unterstellten positiven Kontrasthintergrund des in individueller Erinnerung gespeicherten Wissens haushoch überlegen sind.

Andererseits stößt man kaum je auf Skepsis gegenüber den Internet-Auskünften. Dabei müsste sie doch umso dringender sein, als das Antwort-Angebot doch von Benutzer-Frequenzen statt von sachlicher Zuverlässigkeit abhängig ist.

Ganz unabsehbar wird die existentielle Zukunft des Wissens schließlich, wenn wir uns klarmachen, dass unter elektronischen Bedingungen an die Stelle der Hoffnung auf definitive Wahrheiten ein Vertrauen auf statistisch erarbeitete Prognosen getreten ist, wie sich heute in der Qualität der unvergleichlich zuverlässiger gewordenen Wetterberichte zeigt. Und legt das – erstaunlich glatte – Überleben der Menschheit in der Weltisolation der Covid-Zeit nicht nahe, dass wir ganz ohne physischen Kontakt mit den Gegenständen, die uns umgeben, auskommen können?

Solche Fragen scheinen auf klassisch ›kulturkritische‹ Antworten hinauszulaufen. Doch das wäre eine allzu kurzatmige Reaktion. Eher sollten wir uns daran gewöhnen, dass der Suchmaschinenstatus des Wissens genau deshalb unsere Gegenwart ausmacht, weil er irreversibel ist, ohne dass wir seine Zukunft kennen. Nur einen Rückweg zu Wissen als Gelehrsamkeit oder zu göttlicher Allwissenheit können wir vorab ausschließen.

Fußball-Kämpfer

Zu einem Phänomen in der Geschichte des Fußballs haben Neymar da Silva Santos Junior nicht die bemerkenswerten Erfolge seiner frühen Karriere gemacht, ein Champions-League-Sieg mit dem FC Barcelona etwa oder die Goldmedaille, die er als Kapitän der brasilianischen Nationalmannschaft bei der Olympiade 2016 gewann, sondern eine Transfersumme von 222 Millionen Euro. Die katarischen Besitzer des Clubs Paris Saint-Germain überwiesen sie 2017 nach Barcelona, um den damals Sechsundzwanzigjährigen nach Frankreich zu holen. Nie zuvor war auf dem Spielermarkt ein Betrag von dieser Größenordnung gezahlt oder auch nur diskutiert worden, und nie seither hat der

PSG, wie man Neymars Arbeitgeber nennt, oder irgendein Konkurrent wieder auf ähnlichem Niveau investiert (Coutinho folgt vergleichsweise abgeschlagen mit 160 Millionen Euro auf dem zweiten Platz). Mittlerweile steht jene Ziffer für eine Grenze des eben noch Vorstellbaren, die Agenten und Sportdirektoren bei ihren Verhandlungen auf respektvoller Distanz halten.

Umso erstaunlicher wirkte und wirkt das historische Transferereignis immer noch, als wohl kaum ein kompetenter Beobachter je in Neymar den global besten oder auch nur meistversprechendsten Spieler gesehen hat. Wie kann man die Asymmetrie zwischen dem singulären, für ihn aufgebrachten Betrag und seinem sportlichen Realwert erklären? Hinzu kommt auf der Seite retrospektiver Skepsis eine hohe Verletzungsanfälligkeit und der schlechte Ruf, der seinem Vater und Manager Neymar Senior als Verhandlungspartner schon 2017 vorausging. Es muss ein Nachglänzen der besonderen Aura gewesen sein, die den brasilianischen Fußball im halben Jahrhundert seiner fünf Weltmeistertitel zwischen 1958 und 2002, seit der Zeit von vor allem technisch brillanten Ausnahmespielern wie Didi, Garrincha, Cafu oder Pelé, begleitet hatte. Über eine unendliche Zahl von Talenten mit unbegrenzten Möglichkeiten schien das Land zu verfügen, und niemand konnte sich damals vorstellen, dass der jeweils international herausragende Spieler auch nur für einen Moment nicht aus Brasilien käme. Eine durchaus spezifische Konfiguration von Ruhm und die sensationelle Transfersumme waren also wahrscheinlich aus der Fortschreibung einer Erwartung entstanden, die 2017 jedoch schon lange ihre Gültigkeit verloren hatte.

Inzwischen ist Neymar in einem Alter angekommen, in

dem erste Rückblicke auf sportliche Karrieren einsetzen. Der PSG hat sich in den vier Jahren seit seiner Ankunft als eine der stärksten Mannschaften der Welt etabliert, er hat einmal das Endspiel der Champions League erreicht, aber die ganz großen Titel außerhalb Frankreichs sind bisher ausgeblieben. Für Brasilien hat Neymar inzwischen 77 Tore erzielt und liegt damit an erster Stelle der »ewigen Bestenliste«, gleichauf mit Pelé (Stand: Dezember 2022). Er kann mit seiner traumhaft sicheren Ballbehandlung auf einer Vielfalt von Positionen im offensiven Mittelfeld wie im Angriff eingesetzt werden und unterhält die Fans mit spektakulären Tricks. Trotzdem glaubt niemand, dass er noch zu Cristiano Ronaldo aus Portugal oder seinem argentinischen PSG-Kollegen Lionel Messi aufschließen wird, zu den beiden bestimmenden Stars der ihm unmittelbar vorausgehenden Generation, vielleicht sogar den eindrucksvollsten Fußballspielern aller Zeiten.

Was fehlt Neymar im Vergleich zu ihnen? Eine erste Antwort legt nahe, dass es um einen Mangel an Profil geht, genauer formuliert: Die typisch brasilianische Vielfalt der individuellen Fähigkeiten hat nie eine Verdichtung erreicht, die Neymar ausmacht und definiert. Ronaldo, der ebenfalls über alle denkbaren Kompetenzen eines Stürmers verfügt, ist bei Sporting Lissabon, Manchester United, Real Madrid und Juventus Turin zum Spieler der »big points« geworden, wie man im Tennis sagt. Nicht nur liegt seine Trefferquote pro Saison zuverlässig über der von Neymar, er schießt – oft in dramatischen Situationen – Tore, die über den Spielausgang entscheiden. Beim Weltmeisterschaftsmatch von 2018 mit Portugals ewigem Erzrivalen Spanien zum Beispiel zirkelte er in letzter Minute einen sehenswert unhaltbaren Freistoß als seinen dritten Treffer zum 3:3 ins gegnerische Tor. Die Europameisterschaft 2016 hatte er quasi im Alleingang für Portugal gewonnen.

Lionel Messi hat in seinen zwei Jahrzehnten beim FC Barcelona den Fußball-Stil des »Tika Taka« geprägt und verkörpert. Langes Ballhalten vor einer undurchdringlich scheinenden Abwehr ist dabei auf ganz plötzliche Dribblings oder Pässe ausgerichtet, die zum Durchbruch führen. Kein Spieler verwirklicht sie so gekonnt und verwandelt sie so effizient in Tore wie Messi.

Neymar hingegen läuft weder regelmäßig bei Spitzenpartien zu Höchstform auf, noch hat er die Realisierung einer neuen Idee vom Fußballspiel befördert. Das ist ihm angesichts seiner unübersehbaren Leistungsorientierung nicht vorzuwerfen, wie auch die weltweiten Klagen über angeblich allzu dramatische Reaktionen auf nicht stattgefundene gegnerische Fouls (»Schwalben«) letztlich die Folge einer enttäuschten Höchst-Erwartung sein müssen.

Eben deshalb wäre der »Fall Neymar« – als Einzelfall aus der jüngsten Vergangenheit – kaum noch der Rede wert, wenn er nicht die Vermutung weckte, dass ihm ein exemplarischer Stellenwert für die Zukunft des Fußballs und vielleicht des Sports an sich zukommt. Hat sich der junge Kylian Mbappé vom PSG auf ein ähnliches Schicksal einzustellen, wie es Neymar widerfahren ist? Und welche Struktur von Bedingungen stünde hinter einer solchen Affinität? Als Teenager noch wurde Mbappé 2018 für 180 Millionen Euro vom AS Monaco nach Paris gebracht und gewann im selben Jahr mit Frankreich auch die Weltmeisterschaft.

Nur wenige Clubs können hier mithalten, Chelsea London, Manchester City und möglicherweise bald Newcastle, alle drei – wie der PSG – in der Hand von Oligarchen. Sie wären imstande, um die aus dem amerikanischen Englisch stammende Metapher beim Wort zu nehmen, »in einer eigenen Liga« zu spielen. Doch abgesehen von dem Problem, dass eine Superliga aus drei oder vier Mannschaften die Dimension von Wettbewerb und Spannung unter den Zuschauern nicht über eine Spielzeit von mehreren Monaten zu strecken vermöchte, liegt die Frage auf der Hand, ob eine bloße Anhäufung von Stars den Weg zu erhöhter Spielstärke nicht eher blockiert als öffnet. So hat Neymar beim PSG die Rolle übernommen, Mbappés zahlreiche Tore aus dem offensiven Mittelfeld einzuleiten, während Messis entscheidende Momente der Plötzlichkeit auf den verhaltenen Rhythmus eines Ballhaltens als Matrix angewiesen sind, wie ihn Mbappé und Neymar nie praktiziert haben.

Während aber die Besitzer des PSG weiterhin mit jedem neuen Spielervertrag den Sieg in der Champions League anvisieren (und ihn sich auf diese Weise möglicherweise eher verstellen), ließe sich aus wirtschaftlich-politischer Perspektive argumentieren, dass die Erfüllung ihres Investitionsinteresses, nämlich die Image-Pflege des kleinen Landes Katar (und anderer arabischer Staaten) zu globalem Bekanntheitsgrad, aufgrund ihrer Verbindung mit dem PSG schon so weit fortgeschritten ist, dass sie primär sportlicher Erfolge gar nicht mehr bedarf. Die Fotos der Club-Besitzer mit Messi beim einzigartigen Mega-Ereignis seiner Ankunft in Paris zum Beispiel haben mehr Aufmerksamkeit heraufbeschworen als die jedes Jahr stattfindende Ehrung des Champions-League-Siegers.

Wie wird unter solchen Prämissen die Zukunft des Fußballs aussehen? Ein Szenario läge in der Verschiebung des

Wettbewerbsinteresses der Zuschauer zurück zu den Nationalmannschaften, die Mitte des 20. Jahrhunderts schon einmal im Vordergrund gestanden waren. Denn der hier ausschlaggebende Zufall der Geburtsorte von Spielern lässt sich mit Finanzen kaum beherrschen oder ausgleichen (der große Zlatan Ibrahimović hatte als Schwede mit seiner Nationalmannschaft auch niemals nur den Hauch einer Chance, internationale Trophäen zu gewinnen).

Zu einer anderen Prognose führt die nicht notwendig kritisch gemeinte Gewohnheit der Fans aus Paris, den PSG einen »Nachtclub« (»une boîte de nuit«) zu nennen. Einen Nachtclub in dem Sinn, dass die Präsenz zahlreicher Spieler mit Aura wichtiger geworden ist als deren Siege und Meisterschaften. Damit kommt das Geschäftsmodell des PSG dem Basketball-Unternehmen der Harlem Globetrotters nahe, das seit 1926 mit nur zwei Mannschaften in »Ausstellungsspielen« (»exhibition games«) ein in diesem Sport besonders ausdifferenziertes Virtuosentum vermarktet.

Nicht ausgeschlossen, dass die Ästhetik des Fußballs – und, neben dem Basketball, auch die Ästhetik anderer Sportarten wie Tennis, Mountainbike oder Snowboarding – heute in eine solche Richtung verweist. Denkbar auch, dass der Trend nicht beim Sport haltmachen wird. Immer wieder hat es Gattungen im Film, Fernsehen, aber auch in der Literatur oder Kunst gegeben, die Betrachter und Leser mehr durch individuelles Virtuosentum faszinierten als durch das Auslösen von nuancierten Stimmungen oder die Möglichkeit der Identifikation mit Helden und ihren Milieus. Ein Held mit globaler Resonanz wird Neymar Junior wohl nicht mehr werden. Doch als ›Paris Globetrotter‹ hätte er gewiss seine Berufung finden können.

Analog-Leben

Ein Smartphone, das man bei AT&T in Kalifornien kauft, wird zwei oder drei Tage später freundlicherweise von einer Beraterin zum Haus des Kunden gebracht. Die erklärt einem dann eine knappe halbe Stunde lang, wie sich die Funktionen des neuesten Modells gegenüber dem vorher benutzten verändert und natürlich verbessert haben. Deshalb reagierte Sue, die kürzlich zu meiner Adresse delegierte AT&T-Mitarbeiterin, zunächst überhaupt nicht, als ich auf ihre Frage nach dem letzten Smartphone antwortete, dass sie mir gerade das erste meines Lebens in die Hand gedrückt habe.

Erst meine Unfähigkeit, ohne ihre Hilfe auch nur eine Telefonnummer zu wählen oder eine SMS-Botschaft zu versenden, gab den Worten konkrete Bedeutung: »Are you serious?«, stammelte sie, und die Unfassbarkeit einer Existenz ohne elektronisches Zentralorgan stand als Schrecken in ihr Gesicht geschrieben. Aus dem Schrecken wurde bald eine Art von anthropologischem Forschungsinteresse. Noch nie, gestand Sue, sei sie einem derart orientierungslos durch die Welt gehenden Erwachsenen begegnet wie mir.

Für diesen Sonder- und Notfall ließ sie sich schnell noch zwei volle Einführungsstunden zuweisen und bestaunte nun wie eine Archäologin, was sie als die Prothesen meiner Existenz auffassen musste: einen mit Tesafilm zusammengehaltenen Wecker, den ich auf Reisen mitnehme, die vierzig Jahre alte IWC-Armbanduhr (›Porsche Design‹), deren Zeiger ich nach Europaflügen stets neun Stunden in die Zukunft drehe, und als ungeahnten Höhepunkt – ein Auto ohne Navi.

Dann saß ich endlich allein meinem ersten Smartphone gegenüber und fühlte mich wie der Ingenieur Daniel Düsentrieb aus den Comics meiner Kindheit, der auf die Dienste eines kleinen Roboters mit Glühbirnen-Kopf namens »Little Helper« (»Helferlein«) setzte. Doch unsere elektronischen Geräte entsprechen nicht wirklich den kleinen oder großen Robotern aus vorelektronischen Utopien. Sie übernahmen im Leben ihrer Besitzer stets genau umschriebene Aufgaben.

Das Smartphone hingegen hatte ich nach dem Ende der Hoffnung, mit traditionellen Reiseweckern, aufziehbaren Schweizer Uhren und ohne Navigationsgerät bis ans Lebensende zu kommen, ja nicht etwa gekauft, um mir den Alltag leichter zu machen, sondern weil dieser Alltag anders kaum mehr zu bewältigen war: Schon meine eher spärlichen, aber unvermeidlichen Amazon-Bestellungen waren gesetzlich ungültige Verträge gewesen, solange ich die Box für die Handynummer mit erfundenen Zahlen füllte.

Ernster wurden die Probleme bei Grenzübergängen in Corona-Zeiten. Ein spanischer Beamter bestand darauf, die elektronische Version meiner Impfbescheinigung zu sehen (keine Begründung, warum das Papierformular nicht ausreichte), und für das zur Rückkehr in die Vereinigten Staaten notwendige negative Testergebnis standen im Frankfurter Flughafen keine Drucker zur Verfügung, so dass ich auf einen Minibildschirm angewiesen war.

Kurz: Ohne Fragen und ohne Warnung haben unsere Gesellschaften ihren Wirklichkeitsstatus an elektronische Medien gebunden. Wer nicht über sie verfügt, ist vom Alltagsleben ausgeschlossen.

Doch wie steht es mit den sogenannten ›Assistenzsystemen‹ und ihren immer leistungsfähigeren Versionen, denen ich jetzt als Klippschüler der Gegenwart zum ersten Mal begegne? Alexa, Deepfake, Apple Watch, Metaversum – sind sie nicht doch Roboter, die nur anders aussehen, als wir Neffen von Daniel Düsentrieb uns das vorgestellt hatten?

In den historischen Roboter-Fiktionen verweigerten die mechanischen Helfer manchmal ihren Dienst und übernahmen Rollen des Protests, wenn nicht der Unterdrückten-Revolte. Ähnliches haben uns die effizienten elektronischen Begleiter bisher nicht zugemutet. Lichtjahre vom Verstehen ihrer Konstruktion entfernt, habe ich mir sagen lassen, dass die Algorithmen, die sie treiben, 2012 die Schwelle des sogenannten ›deep learning‹ überschritten haben: Sie regeln ihre Funktionssteigerung selbständig, außerhalb menschlicher Kontrolle.

Dies genau war die damals schon nicht mehr bloß fiktionale Handlung des Films *Her* mit Scarlett Johansson und Joaquin Phoenix aus dem Jahr 2013: Dort verliebt sich Theodore Twombly, ein introvertierter Lohnschreiber von Geschäftsbriefen, in Samantha, die Stimme seines Assistenzsystems, wächst dank ihrer Zuwendung mit seinen Gefühlen und Texten weit über sich hinaus – um am Ende resigniert ins Leben unter den Menschen zurückzukehren, weil erotische Erfüllung mit einem Gegenüber ohne Körper unmöglich bleibt. Wir mögen all jene neuen Potentiale des Erlebens erstaunlich finden und gelegentlich nach Roboter-Art benutzen, verschließen uns ihnen am Ende jedoch vielleicht doch, zumindest solange wir glauben, in die vertraute Wirklichkeit zurückkehren zu können. Dass es Deepfake etwa schafft, den lebenden Bildern von bekannten Gestalten – Politikern zum Beispiel oder den Inhabern von Ämtern mit moralischer Autorität – Worte in den Mund zu legen, die sie kompromittieren, erfüllt uns mit Schadenfreude.

Allerdings nur für einen Moment, bis wir dann – zu Recht wohl und lautstark – gegen die eröffnete Tiefe von Manipulation und ihre Konsequenzen protestieren. Und während wir fasziniert die Masken und Virtual-Reality-Brillen ausprobieren, die elektronische Impulse in die Suggestion dreidimensionaler Präsenz überführen, fragen wir uns schon, ob in der Beschreibung eines so gestalteten Metaversums als nächster Stufe des Internets doch mehr als eine Marktstrategie der Herren vom Silicon Valley steckt.

Vor allem fehlt uns ein gemeinsamer Fluchtpunkt für all diese diffus wirkenden Erfindungen, der – wie bei guten Science-Fiction-Produkten üblich – eine in sich zusammenhängende andere Wirklichkeit erst vorstellbar macht. Deshalb scheuen wir eher Älteren vor den meisten nach Spezialistenauskunft realistischen Zukunftsvisionen der elektronischen Technologie immer noch eher lieber zurück.

Der als Erbe der Aufklärung gefeierte kritische Reflex und die ganz grundsätzlichen Fragen unterscheiden uns von den unter Dreißigjährigen, die sich spielerisch und sehr individuell mit einzelnen Chancen von Veränderung umgeben, aber dazu keine Vision der neuen Wirklichkeit als Bezugsrahmen brauchen. Statt sich die Zukunft auszumalen oder auf verbindliche Prognosen zu warten, investieren sie ihre eigenen Kompetenzen und Optionen in die vor ihnen liegenden Jahre. Politisch müsste diese entspannte Einstellung zu jener Renaissance des Liberalismus im ursprünglichen Sinne des Wortes geführt haben. Nicht die Verteidigung des Kapitalismus oder ein Engagement für Steuersenkungen hat die Liberalen erfolgreich gemacht, sondern ihr Vorbehalt gegen staatliche Festlegungen einer Zukunft, die sich nicht in prägnante Konturen hochrechnen lässt. Man könnte dies auch eine zukunftsoffene und optimistische, auf die menschliche Kreativität vertrauende Einstellung nennen. Die Attraktivität dieser Lebensform als Spielraum eines neuen Alltags scheint bei Politikern und Meinungsforschern noch nicht angekommen zu sein.

Dieser Optimismus kann auch in eine neue Art der Sorglosigkeit kippen. Aus Gesprächen mit Programmierern im fortgeschrittenen College- und Doktorandenalter nehme ich den Eindruck mit, dass es ihnen gerade um die Möglichkeit geht, am Ereignis und Erscheinen eines noch ganz unbekannten Phänomens beteiligt zu sein – was immer dessen Folgen auch sein mögen. Oft münden ihre Unterhaltungen in einen eigentümlichen Ton zwischen Mythos und Selbstironie.

Wenn eine in jeder Hinsicht dominante Maschinenintelligenz beschlösse, so hörte ich neulich eine KI-Spezialistin phantasieren, den Planeten Erde von der Menschheit zu befreien, dann könnte in noch fernerer Zukunft einmal die Frage auftauchen, wie es denn zur Existenz der neuen Planetenbewohner gekommen sei. Die wahrscheinlichste Antwort müsste uns Menschen, mit Aristoteles gesagt, den Status von »unbewegten Bewegern« zuweisen, also einen göttlichen Status. Ein schwacher Trost gewiss, wenn man einmal so weit gedacht hat. Aber Trost braucht ja nur, wer sich die Zukunft ironiefrei vorstellt.

Rauchen

Vor einigen Wochen habe ich wieder einmal den Vorsatz gefasst und bisher auch durchgehalten, mit dem Rauchen aufzuhören. Vorweg schon tröstete mich allzu sehr der in Amerika beliebte selbstironische Satz, dass »nichts leichter fällt, als zum tausendsten Mal die Zigaretten sein zu lassen«.

Diesmal, rede ich mir ein, wird es bei dem Entschluss bleiben. Keine Halbheiten mehr. Keine heimlichen Vorräte für den Notfall, keine freundlich angebotene Zigarette aus der Packung einer Kollegin oder eines Kollegen, keine Ausreden zuhause. Konsequent sein. So vielen anderen ist das schon gelungen.

Dabei hat sich der soziale Druck, das Raucherleben zu beenden, hier in Nordkalifornien mittlerweile verflüchtigt wie der letzte Hauch von Nikotingeruch an einem windigen Morgen. Schon lange hat mich niemand mehr im Ton angestrengten Mitgefühls gefragt, ob ich »denn nicht wisse, dass Zigaretten meiner Gesundheit schaden«, worauf ich mit einem ironischen »Wirklich?!« zu antworten pflegte. Nur manchmal scheinen Mütter noch aus gebührender Ferne den Blick ihrer Kinder auf Raucher zu lenken, was uns eher den Status von kuriosen Relikten aus ferner Vergangenheit gibt.

Dass sich tatsächlich ein Statuswechsel vollzieht, zeigte eine Diskussion im Senat meiner Universität: Wieder einmal hatte die Medizinische Fakultät den stets knapp gescheiterten Antrag auf campusweites Rauchverbot gestellt. Doch diesmal intervenierte der sonst gesundheitsbeflissene Kanzler mit einem überraschenden Argument: Angesichts des numerischen Verhältnisses zwischen Größe des Universitätsgeländes, Zahl der Universitätsangehörigen und den wenigen verbleibenden Rauchern bestehe keine Gefahr unvermeidlichen Mitrauchens mehr. Daher verlange das ethisch-politische Prinzip des Schutzes von Minderheiten die Aussetzung aller Debatten über ein Rauchverbot.

Warum lege ich mir als Mitglied einer in öffentlichen Schutz erhobenen Minderheit dann die unausgesetzt anstrengende Verweigerung von Zigaretten auf, das Zähmen meiner Sucht? Die uns von diversen Interessenverbänden vorgehaltenen Statistiken sprechen natürlich Bände – ohne bisher übersehene Gründe bereitzuhalten. 480 000 der 330 Millionen Amerikaner sollen jährlich an Folgen des Rauchens sterben, wenn auch mit besonders unter Jugendlichen stark rückläufiger Tendenz. Auch den erheblichen, von Raucherkrankheiten abhängigen Verlust in der Wirtschaft soll man berücksichtigen. Aber habe ich je ökonomische Kollektiv-Interessen zu einem kategorischen Imperativ für mein privates Leben werden lassen? Liegt mir nicht eher Renitenz gegen gutgemeinte Sorge der Institutionen näher?

Dass Raucher höhere Gebühren an die Krankenkassen entrichten und per Tabaksteuer gehörig zum Haushalt der Bundesstaaten beitragen müssen, kann ich immerhin akzeptieren. Keine dieser Tatsachen und Überlegungen stand allerdings hinter dem Schritt, nun morgens nicht mehr der Sehnsucht nach dem ersten Lungenzug nachzugeben, der einen kristallinen Moment schlagartig einsetzender Klarheit im Kopf auslöst – einmal abgesehen von dem Sucht-Impuls, noch vor dem ersten Gedanken schnell eine Zigarette aus der Schachtel zu ziehen. Vor ein paar Tagen tauchte fast beiläufig ein zuvor unbewusster Anlass für den strengen Vorsatz auf – und zwar mit einem der seltenen traumatischen Bilder aus meiner langen Raucherexistenz, die 1969 während eines Studienjahrs in Salamanca begann, als die schwarzen ›Ducados‹ mit Filter den Rhythmus unserer stets revolutionären Diskussionen bestimmten.

Plötzlich kamen mir jene ›Smokers' Lounges‹ in den Sinn, wie sie heute nur noch einzelne Flughäfen als Minuten-Absteigen für abgelebt ausschauende Problemkunden offenhalten. Wegen der ekligen Schlieren auf den ihre Besucher exponierenden Glaswänden und wegen der über sie hereinbrechenden Nikotinschwaden hat es mich meist Überwindung gekostet, sie schnell noch auf dem Weg zum Gate zu betreten.

Doch darum ging es gar nicht. Vor allem, so wurde mir gegen alle gängigen Egalitarismus-Verpflichtungen klar, will ich nicht zu den Leuten gehören, die sich dort zusammenfinden. Mit einem Wortspiel gesagt: Raucherabsteigen verdichten eine vage Furcht vor sozialem Abstieg.

Das sah früher ganz anders aus: Filme, Romane und Dokumentationen aus der Mitte des 20. Jahrhunderts vergegenwärtigen, wie undenkbar damals herausragende Intellektuelle ohne Zigarette oder auch ein Geburtstag ohne elegantes Feuerzeug waren. Jean-Paul Sartre im Café de Flore konnte sich niemand ohne seine Gauloise zwischen den Fingern vorstellen. Und die ›Vamps‹, wie man seit den 1930er Jahren Frauen nannte, die mit tiefdunklem Make-up aggressive Erotik unterstrichen, nahmen via Zigarettenspitze tiefe Züge aus ihren Virginia Slims.

Die seither vollzogene Verschiebung am sozialen Symbolhorizont lässt sich ohne Widerrede – und mit nur etwas Bedauern für die hartnäckige Raucherminderheit – unter die Erfolgsbilanzen öffentlicher Gesundheitsaufklärung abbuchen. Etwas komplexer fällt die Einschätzung freilich aus, wenn wir uns klarmachen, dass der Alkoholkonsum im gleichen Zeitraum durch eine gegenläufige Entwicklung gegangen ist. Sicher: Als ›Alkoholiker‹ diagnostizierte Zeitgenossen werden heute so entschieden wie nie zuvor isoliert, und die Strafen für Autofahren mit Blutwerten über den jeweiligen ›Promillegrenzen‹ sind zu Recht drastisch gestiegen. Doch zugleich gelangte die den zehn oder zwanzig Zigaretten pro Tag entsprechende ›kleine Sucht‹ von zwei Gläsern Wein und Grappa beim Abendessen zu einst ungeahnten Höhen sozialer Distinktion. Selbst in durchschnittlichen Supermärkten haben sich die Regale mit teuren Weinen und Spirituosen um viele Meter ausgedehnt. Vom auf unendlich gestellten Diskurs der Sommelière im Sterne-Restaurant gar nicht zu reden. An Zigaretten denkt dort niemand mehr, und der Supermarkt hält sie, meist nur auf Nachfrage, am Ausgang hinter Gittern bereit: In Deutschland geht ohne Personalausweis gar nichts mehr.

Wieso ist es beim Tabak zu keiner dem Alkohol vergleichbaren Glorifizierung gekommen? Eine Evidenz von größerer gesundheitlicher Bedrohung durch Zigaretten existiert nicht. Entscheidend müssen je spezifische Verhältnisse zwischen Sucht und Genuss gewesen sein, welche die verschiedenen Variationspotentiale der Grundprodukte vorgeben. Während Alkoholsucht als Matrix einen Erfahrungshorizont von schier unendlicher Differenzierung für die Zukunft eröffnet, bleibt Tabaksucht bei der Fixierung auf eine und dieselbe Marke als Spur der Vergangenheit stecken – oder bestenfalls beim Unterschied zwischen Zigarette, Zigarillos und Zigarren (trotz aller Zigarren-Clubs). Sowohl der Abstieg des Rauchens wie der Aufstieg des

Wein- und Spirituosen-Trinkens vollziehen sich als Teil jener mittlerweile fortgeschrittenen Dynamik sozialer Hierarchisierung, die wir gerne als angeblich immer tiefere ›Spaltung‹ in unseren Gesellschaften beschreiben.

Die üblichen Spekulationen über langfristige Folgen dieses Trends sollen hier nicht weiter verfolgt werden. Es reicht zu wissen, dass ich mich mit dem Rauchverzicht auf die Gegenwart als nach oben strebender Seite einer irreversibel gewordenen sozialen Bewegung geschlagen habe. Kann mir dies wirklich jeden Tag unzählige Momente der Frustration wert sein? Aus meinem Leben ist ein permanent nervöser Rückblick auf das vergangene Glück der Raucherexistenz geworden. Ich wache auf mit intensiv physischer Erinnerung an die Morgenzigarette und den vertrauten kleinen Lungenschmerz, die mein Verbot umgehend in eine sehnsuchtsumkreiste Leere verwandelt. Und von dieser Leere soll mich keine erfüllende Zukunft mehr erlösen. Oder doch? Der Weg zur Arbeit in meinem alten Jeep führt an der Tankstelle vorbei, wo allein weit und breit man Marlboros kaufen kann. Außerdem brauche ich doch Benzin, und der Mann hinter der Kasse mit dem weichen indischen Akzent könnte sich Sorgen machen, weil ich so lange nicht vorbeigekommen bin. Besser eine andere Strecke nehmen, was der Leere allerdings bloß noch mehr Konturen gibt. Im Büro angekommen, taucht wieder Vorfreude auf Zigarettenpausen draußen auf, die bis letztes Jahr als Belohnung für abgeschlossene Seiten ausstanden. Zum Ersatz verspreche ich mir einen Cappuccino in zwei Stunden und vielleicht ein Croissant. Aber wäre nicht doch die Zigarette besser, aus Gewichtsgründen?

So wie die Sätze jetzt aus den Fingern kommen, sehen sie

holprig oder zäh aus. Statt geneigter Leser stelle ich mir den sanften Druck der Schachtel in der Jeanstasche vor und ohne Unterbrechung den Geruch, den ich manchmal peinlich fand, als er noch real werden konnte. Erstmal eine Pause vor dem Gebäude, damit das Gehirn endlich in Bewegung kommt. Da taucht meine Kollegin Cécile auf, fragt verwundert, ob ich mit dem Rauchen aufgehört habe, und nimmt ein schlechtgelauntes »Ja« zum Anlass für ihren überschwänglichen »Good for you!«-Glückwunsch.

In einer Gegenwart des sozialen Aufsteigens und der Gesundheit angekommen, registriere ich endlich, ist mir der Status des renitenten Exzentrikers flöten gegangen. Doppelter Verlust unter dem Strich. Diese nüchterne Einsicht wäre eine Marlboro wert, wenn noch Geheimvorräte in der Büroschublade lägen. Oder für heute Abend doch besser die ausgewählte Grappa, an die ich mich seit Neujahr ziemlich gewöhnt habe.

Geisteswissenschaften

Sich über individuelle Praktiken oder institutionelle Strukturen aufzuregen, gehört zum Alltag jedes Berufs. In den Geisteswissenschaften aber werden solche Momente heute regelmäßig als Skandal registriert. Denn es gibt gute Gründe, sie als Anzeigen eines sich beschleunigenden Niedergangs hin zu ihrem historischen Ende aufzufassen.

Anlass zu solchen Prognosen findet sich täglich. Kürzlich berichtete mir ein Doktorand, dass sein Kongressvortrag über politisches Denken in der Renaissance nicht nur die Anerkennung eines international führenden Spezialisten fand – der große alte Mann empfahl sogar, das Manuskript mit Verweis auf ihn zur Veröffentlichung bei einer renommierten akademischen Zeitschrift einzureichen.

Nach einer raschen ersten Rückmeldung der Redaktion, der branchentypisch positiven Beurteilung mit einigen Veränderungsauflagen durch zwei externe Gutachter (»peer review«) und einem weiteren Arbeitsmonat für den Autor wurde der Beitrag ein Jahr nach dem ersten Kontakt schließlich abgelehnt. Die überraschende Begründung: Der Text passe nicht zum Themenhorizont der Zeitschrift – offenbar war die ursprüngliche Empfehlung durch die Fachautorität in Vergessenheit geraten.

Die berechtigte Annahme, nach der die durchschnittliche Leserzahl von akademischen Publikationen dieser Art unter zehn Gelehrten pro Artikel liegt (Angehörige eingeschlossen), kann den Studenten jedoch nicht trösten. Denn ohne solche Veröffentlichungen und den entsprechenden Zeitaufwand ist heute an eine Universitätskarriere nicht zu denken. Mit anderen Worten: Die Geisteswissenschaften steigern ihre angebliche Professionalität zu einem immer absurderen Missverhältnis zwischen gefordertem Arbeitsvolumen und dem fortschreitenden Ausschluss potentiell interessierter Adressaten.

Ganz nüchtern lässt sich deshalb hochrechnen, dass es niemand außerhalb der Welt der Geisteswissenschaften registrierte (oder gar bedauerte), wenn deren Existenz morgen global eingestellt würde. Das Interesse an ihrem Überleben ergibt sich mittlerweile vor allem aus der Funktion als Einkommensquelle für Hochschullehrer.

Hinzu kommen seit Jahrzehnten sinkende Hörerzahlen, ohne signifikante Ausnahme, aber mit bemerkenswerten lokalen Varianten. So soll es immer wieder Semester an den Universitäten der Schweiz geben, des Landes mit drei romanischen Nationalsprachen, wo die Zahl der neu eingeschriebenen Studenten an den nach wie vor ausgezeichnet besetzten Instituten für Romanistik im einstelligen Bereich bleibt. Die Verwaltung der Universität Köln hingegen entdeckte, dass nur ein Bruchteil der dort in die Tausende gehenden Studenten desselben Fachs je an einer Lehrveranstaltung teilgenommen hatte (ihre Immatrikulation war wohl allein vollzogen worden, um die damit verbundene Krankenversicherung zu erlangen).

All diese Endzeitsymptome finden unter Geisteswissenschaften ebenso lebhafte wie paradoxe Resonanz. Paradox deshalb, weil sich die Fachvertreter seit einem guten Jahrhundert so sehr an immer neue Krisen gewöhnt haben, dass sie als eine sanft sprudelnde intellektuelle Energiequelle funktionieren, statt in ihren möglichen Konsequenzen ernstgenommen zu werden.

Die Glanz- und Prestigezeit der Geisteswissenschaften lag zwischen Romantik und Erstem Weltkrieg, als ästhetische Erfahrung in der Begegnung mit Literatur, Kunst und Musik für die aus der Aufklärung hervorgegangenen bürgerlichen Gesellschaften zunehmend die Rolle einer säkularen Religion erfüllte, zu deren Theologie einige damals neue akademische Fächer wurden. Ihre Zusammenfassung in Fakultäten unter dem Namen ›Geisteswissenschaften‹ begann erst gegen 1900 an der heutigen Humboldt-Universität zu Berlin und war die Reaktion passiv-aggressiver Selbstbehauptung auf eine erste Krise, die vor allem die Konkurrenz mit den die Industrie der Gründerzeit kraftvoll beflügelnden Naturwissenschaften ausgelöst hatte.

In die sturmfeste Burg – oder den seither auch immer wieder selbstkritisch heraufbeschworenen Elfenbeinturm – der Universität wollten sich Disziplinen wie Musikologie, Kunst- oder Literaturgeschichte zurückziehen, wo sie verstärkt auf das sterile Ethos ihrer angeblich eigenen Version von Wissenschaftlichkeit pochen konnten. Angesichts dieses Öffentlichkeitsverlusts nahmen viele ihrer Vertreter innerhalb der sich nach 1918 verbreitenden totalitären Ideologien mit Begeisterung und Herzblut wieder die Rolle von – nun entschieden politischen – Theologen auf, welche Überlegenheitsansprüche verschiedener »Rassen« oder eines sich als international verstehenden »Proletariats« aus Monumenten des kulturellen Erbes abzuleiten bereit waren.

Während die staatssozialistischen Nationen an dieser Praxis bis um 1990 festhielten, verbreitete sich unter den Gelehrten in ehemals faschistischen Nationen nach 1945 gegenüber dem Sündenfall des ideologischen Zuarbeitens – als zweite Krisenwelle – ein Habitus der Reue. Er führte mitunter zur »immanenten Interpretation«, die alle theologisch-ideologischen Dimensionen ausblendete. Diese Interpretation wiederum konvergierte mit einem Erbe ausschließlicher Konzentration auf die kulturellen Gegenstände, wie sie als New Criticism während der angloamerikanischen Zwischenkriegszeit, aber in Abwesenheit eines monokulturellen Nationalismus auch in der Schweiz eine besondere Entfaltung gefunden hatte.

Als eine explosive Phase immer neuer und immer deutlicherer gegenintuitiver Theorieentwürfe – von Strukturalismus über Rezeptionsästhetik, Diskursanalyse, Dekonstruktion und Neohistorizismus bis Medienforschung – erscheinen dann in unserer Retrospektive die späten 1960er bis frühen 1990er Jahre. Wie schon 1968 entfalteten die Geisteswissenschaften damals eine hektische Resonanz auf den Zusammenbruch zentraler Werte und Dynamiken der bürgerlichen Gesellschaft.

Zu ihnen gehörte der Fortschrittsglaube, die Überzeugung also, technologische Entwicklungen in all ihren Konsequenzen kontrollieren, und die Gewissheit, stets mit den richtigen ethischen oder politischen Entscheidungen aufwarten zu können. So laut vor allem die Literatur- und Kulturwissenschaften in jenen Jahrzehnten mit oft kraftmeierischen Parolen (»Es gibt kein ›außerhalb des Textes‹« oder »Geschichte entsteht als literarische Gattung«) die Öffentlichkeit auf sich aufmerksam machten und vor allem entfremdeten, so still ist es seit der Jahrtausendwende jenseits der Akademie um sie geworden (Germanistik wird heutzutage fast nur noch auf Lehramt studiert).

An den Universitäten haben vor allem ihre Vertreter seither die Stimmung politischer Korrektheit als den Anspruch kultiviert, in Zeiten neuer Herausforderungen und der von ihnen ausgehenden Unsicherheiten die traditionellen Orientierungen einer sozialdemokratischen bis sozialistischen Linken hochzuhalten. So als habe sich 1989 nicht ereignet – und als sei die Welt seit Karl Marx kaum komplexer geworden. Mit besonderer Hingabe widmen sie sich dabei der Beschreibung und den Forderungen vielfältiger Minderheitsidentitäten, stets unter der Prämisse, dass mit dem Minderheitenstatus auch ein moralischer Vorrang verbunden sein müsse.

Ihren Anspruch auf rigorosen Ernst und auf Spezialisierung versuchen die Geisteswissenschaften mittlerweile mit

Programmen der Selbstdigitalisierung aufrechtzuerhalten, die den eigentlich kaum zu vermeidenden Schritt, sich elektronische Technologien als Instrumente zunutze zu machen, in den Status einer intellektuellen Revolution hochjubeln. Dank entsprechend eingestellten Suchprogrammen braucht man heute nur noch Sekunden – und nicht mehr Jahre –, um den Gebrauch eines Begriffs während eines Jahrzehnts oder die Eigenheiten im Satzbau eines bestimmten Autors identifizieren und dokumentieren zu können. Aber erst hier setzt dann weiterhin die einzig relevante Frage nach existentiell oder gar politisch relevanten Folgerungen an – und wird allzu oft nicht einmal mehr gestellt.

Parallel zu dieser intellektuellen Überbewertung der elektronischen Instrumente steigt der Druck, vor abstrakten Regeln interner Professionalisierung in die Knie zu gehen. Unter ihnen dominiert die zur bedingungslosen Verpflichtung geratende Empfehlung, ›Netzwerke‹ von Beziehungen zu entwickeln – mit prominenten Fachvertretern, Vorsitzenden akademischer Verbände und natürlich Herausgebern von Fachzeitschriften. Am Ende muss diese besessene Arbeit an Lobbystrukturen die Geisteswissenschaften einander immer ähnlicher machen – und in der Tat erklärt sie, warum mittlerweile intellektuell herausragende, provozierende Protagonisten kaum mehr in Erscheinung treten, die die Isolierung ihrer Welt wenigstens gelegentlich aufheben: Meist hatten die schon längst aufgegeben.

Kann man also das sich abzeichnende Ende der an den Universitäten etablierten Geisteswissenschaften – nach der von Krisen heimgesuchten zweiten Hälfte ihrer Geschichte – noch aufhalten? Dazu besteht wenig Hoffnung – und wohl auch nur wenig Anlass. Einige Anzeichen in unserer Gegenwart allerdings mögen auf potentielle neue Funktonen verweisen – die nicht unbedingt mit den Traditionen des geisteswissenschaftlichen Selbstverständnisses zusammenlaufen.

Amerikanische Spitzen-Universitäten etwa befinden sich seit ungefähr einem Jahrzehnt in einem scharfen Konkurrenzkampf bei der Berufung anerkannter Philosophen, der die höchsten Gehälter in kurzer Zeit bis um 50 Prozent hat anwachsen lassen (sie liegen mittlerweile zwischen einer halben und einer Million Dollar pro Jahr).

Vom *Wall Street Journal* nach dem Auslöser dieser Entwicklung befragt, stellte ein Universitätspräsident fest, dass Philosophen – und Geisteswissenschaftler generell – »die Universitäten zu intellektuellen Orten machen«. Ihre Gegenwart, so wird unterstellt, und die Zusammenarbeit mit ihnen steigere gerade innerhalb der »harten«, also: der empirisch fundierten Disziplinen von Natur- und Ingenieurwissenschaft, von Jurisprudenz, Wirtschaftsforschung oder Medizin, die Bereitschaft, in Alternativen zu denken und überlieferte Lösungsformeln für die verschiedensten Problemlagen zu variieren.

Wenn den Geisteswissenschaften also innerhalb der akademischen Welt möglicherweise ein neuer Status aufgrund dieser Fähigkeit zukommt, die Welt komplexer aussehen zu lassen (statt auf vermeintliche Gewissheiten als politisch korrekt zu pochen), so zeichnet sich zugleich auch in außerakademischen Kontexten ein spezifischer und bisher übersehener Bedarf an den von ihnen ausgebildeten Kompetenzen ab. Nicht nur Museen, Theater, Konzerte oder Kulturreisen absorbieren heute immer größere Dimensionen der sozialen Zeit. Selbst unser Alltag wirkt mehr denn je von Momenten ästhetischer Erfahrung durchsetzt, deren Konkretheit dem Bedürfnis entgegenkommt, sich in einer Gegenwart verwirrender Orientierungslosigkeit existentiell festhalten zu können.

Eine solche Praxis könnte zurückführen zu einem säkularen Stil individueller Konzentration und Kontemplation, in dem schon immer die eigentliche Stärke, ja der spezifische gesellschaftliche Beitrag der sogenannten Geistes-›Wissenschaften‹ gelegen hatte. Eher jedenfalls als in zu ›Forschungsmethoden‹ stilisierten Formen des Nachdenkens und in einer leeren Professionalisierung, mit denen sie sich in eine Sturzflut der Selbstentfremdung manövriert haben.

Epilog

Notiz des Herausgebers

Von René Scheu

Das Verschwinden der Öffentlichkeit. Das Ende der Demokratie. Die Überwindung des Kapitalismus. Der Untergang des Planeten. Der Tod der Menschheit. All das und anderes bekommen wir seit Jahr und Tag zu lesen und zu hören, in einer Dichte, die Zweifel daran aufkommen lässt, ob diese Verkündigungen wirklich ernst gemeint sind, ob sie so eintreten werden, ob sie so Realität werden könnten. Alles scheint zu Ende zu gehen, immer wieder, immer schon, immer weiter. Was aber ständig zu Ende geht, geht nicht wirklich zu Ende. Wir leben in einer Durcheinanderwelt, in der auch das Enden kein Ende kennt.

Hans Ulrich Gumbrecht beschreibt diese Durcheinanderwelt, wie dies sonst kaum jemand kann: mutig und vorsichtig, cool und detailliert, konzise und anekdotisch, fesselnd und überzeugend – als ein eigenwilliger Erzähler einer Gegenwart, die – gemäß seinem eigenen Bonmot – immer breiter und brüchiger wird.

Die Zeit schwindet. Oder genauer: Die Zeitwahrnehmung ist im Begriffe zu verschwinden. Es ist, als hätte es alles das, was heute existiert, irgendwie immer schon gegeben – und als würde es alles bis in alle Ewigkeit weiterhin geben. Alle Enden waren schon da, und keines der Enden wird jemals wirklich zu Ende gehen. In dieser breit-konturlosen Gegenwart navigieren wir ohne echtes Woher und Wohin. Die Gegenwart ist uns in Form eines leuchtenden

Bildschirms – einer digitalen Schnittstelle – stets per Endgerät zuhanden.

Diese breite und immer breitere Gegenwart langweilt die einen und amüsiert die anderen. Und sie verwirrt die meisten. Hans Ulrich Gumbrecht tritt jedoch nicht an, um die chaotische digitale Gegenwart auf den Begriff zu bringen – denn einen solchen Begriff gibt es nicht, kann es gar nicht geben. Stattdessen beschreibt er kleinere und größere Zäsuren und Brüche im alltäglichen Leben eines immer noch analogen Public Intellectuals und Familien-Patriarchen – das Ende des linearen Fernsehens, das Ende des Museums, das Ende der Gelehrtheit, das Ende der Geisteswissenschaften, das Ende des Stierkampfes.

Dem Verschwinden der Zeitwahrnehmung hält er die Intensität des Erlebens und Schreibens entgegen. Diese Intensität gibt ihm – und vielen anderen Menschen – für einen kurzen Augenblick eine Ahnung dessen, was überdauern könnte. Gumbrecht hat die Quintessenz seines Lebens einmal in einem theoretischen Werk wie *en passant* beschrieben:

> Ein vollkommener Tag kann meines Erachtens zumindest rückblickend vollkommen erscheinen, weil er – ebenso wie ein See zunehmend von einer Wellenbewegung erfüllt wird – von einem einzigen und an und für sich kurzen Moment intensiver Freude erfüllt wurde, der mich, einschließlich meines Körpers, irgendwann ergriffen hat ... Vermutlich steckt hinter meiner Fixierung auf die Form und die Substanz des »vollkommenen Tags« ein Verlangen – ein freilich nie gestilltes und letzten Endes natürlich besser ungestillt bleibendes Verlan-

gen – nach bleibender Dauer solcher Momente der Intensität (*Diesseits der Hermeneutik. Die Produktion von Präsenz*, Frankfurt a. M. 2004, S. 157 f.).

Bleibende Dauer der Intensität oder chronische Diffusität? Das ist die Frage unserer Tage. Der Mensch, dem die Welt auf dem Bildschirm zuhanden ist, kommt an kein Ende. Jeder Hyperlink verweist bloß auf einen weiteren Hyperlink, jede flimmernde Oberfläche auf einen weiteren flackernden Bildschirm. Jeder kann sich darin verlieren und allzu schnell nicht mehr wiederfinden. Oder er kann intensiver leben – und also die diffuse Allgegenwart in einen Anflug von Ewigkeit, die Frivolität in einen eigenen Flow verwandeln.

Zu dieser Ausgabe

»Stierkampf« erschien zuerst unter dem Titel »Kein ›Tod am Nachmittag‹ mehr. Ein gelassener Rückblick auf das Stierkampf-Ritual« in der *Neuen Zürcher Zeitung* vom 23. Januar 2021.

»Fernsehabend« erschien zuerst unter dem Titel »Der lange Abschied von Fernsehen. Dem bürgerlichen Wohnzimmer kommt der Mittelpunkt abhanden. Der Verlust kann auch eine Erlösung sein« in der *Neuen Zürcher Zeitung* vom 22. Januar 2022.

»Bargeld« erschien zuerst unter dem Titel »Endlich bargeldlos. Ein Virus führt im Nu herbei, was Banken erfolglos propagiert haben: die Abkehr von Münzen und Noten« in der *Neuen Zürcher Zeitung* vom 28. Dezember 2021.

»Erotische Leidenschaft« erschien zuerst unter dem Titel »Das postsexuelle Zeitalter hat begonnen. Seit Beziehungen als Partnerschaften verstanden werden, hat sich die Leidenschaft verabschiedet« in der *Neuen Zürcher Zeitung* vom 2. September 2021.

»Gelehrsamkeit« erschien zuerst unter dem Titel »Google weiss eine Antwort auf jede Frage. Suchmaschinen haben unser Leben einfacher gemacht. Was das bedeutet, müssen wir noch herausfinden« in der *Neuen Zürcher Zeitung* vom 10. August 2022.

»Fußball-Kämpfer« erschien zuerst unter dem Titel »Die Zukunft des Fußballs heißt Neymar. Der Sport steht vor einem epochalen Umbruch. An die Stelle des Wettkampfs tritt die Artistik, oder eine gestrandete Zukunft der Fußball-Ästhetik« in der *Neuen Zürcher Zeitung* vom 30. September 2021.

»Analog-Leben« erschien zuerst unter dem Titel »Mein kleiner Roboter und ich. Ich kaufte ein Smartphone und begann zu verstehen, was mich von den Jungen unterscheidet« in der *Neuen Zürcher Zeitung* vom 11. November 2021.

»Rauchen« erschien zuerst unter dem Titel »Abschied von der Zigarette. Fünfzig Jahre lang war ich Raucher. Bevor ich endgültig ein Exot werde, höre ich auf damit« in der *Neuen Zürcher Zeitung* vom 22. Februar 2022.

»Geisteswissenschaften« erschien zuerst unter dem Titel »Mehr

Geist, weniger Wissenschaft. Verschwänden die Geisteswissenschaften eines Tages – wer würde sie vermissen?« in der *Neuen Zürcher Zeitung* vom 29. Oktober 2019.